50, 나는 태도를 바꾸기로 했다

공허함에 무너지지 않고 나를 지키기 위한 마음 공부

50, 나는 태도를 바꾸기로 했다

초판 1쇄 발행 2020년 9월 8일
초판 3쇄 발행 2021년 8월 30일

지은이 박성만

책임편집 최보배
디자인 Aleph design

펴낸이 최현준·김소영
펴낸곳 빌리버튼
출판등록 제 2016-000166호
주소 서울시 마포구 월드컵로 10길 28, 202호
전화 02-338-9271 I **팩스** 02-338-9272
메일 contents@billybutton.co.kr

ISBN 979-11-88545-91-9 03180
ⓒ 박성만, 2020, Printed in Korea

· 이 책은 저작권법에 따라 보호를 받는 저작물이므로 무단전제와 무단복제를 금합니다.
· 이 책의 내용을 사용하려면 반드시 저작권자와 빌리버튼의 서면 동의를 받아야 합니다.
· 책값은 뒤표지에 있습니다. 파본은 구입하신 서점에서 교환해 드립니다.
· 빌리버튼은 여러분의 소중한 이야기를 기다리고 있습니다.
  아이디어나 원고가 있으시면 언제든지 메일(contents@billybutton.co.kr)로 보내주세요.

이 도서의 국립중앙도서관 출판예정도서목록(CIP)은 서지정보유통지원시스템 홈페이지(http://seoji.nl.go.kr)와
국가자료공동목록시스템(http://www.nl.go.kr/kolisnet)에서 이용하실 수 있습니다.(CIP제어번호:CIP2020032148)

공허함에 무너지지 않고 나를 지키기 위한 마음 공부

50,
나는 태도를
바꾸기로 했다

박성만 지음

빌리버튼 billybutton

50, 태도를 점검해야 할
시간이 되었다

50대 초반의 남성이 코로나 바이러스 탓에 삶이 많이 공허해
졌다며 최근의 어려움을 털어놓았다. 재택근무 일수가 늘어나
고 회사 매출이 줄면서 언제 해고당할지 모른다는 불안, 외출
자제와 코로나 대확산 위기론으로 인한 우울, 아직 고등학생과
대학생인 자녀의 뒷바라지에 대한 걱정, 30도가 넘는 한여름
에 마스크로 얼굴의 절반을 가리고 다녀야 하는 답답함이 마음
으로까지 전이됐다는 것이다.

한참 대화를 나누다 보니 코로나 바이러스는 하나의 계기일

뿐, 그분의 마음은 오래전부터 공허를 준비하고 있었다. 그런 줄도 모르고, 그분은 가장으로서의 책임에 마치 기계처럼 반응해야만 했다. 코로나 바이러스는 마음 한구석에 눌러놓았던 그분의 숨은 감정을 한꺼번에 꺼내놓은 매개체였다.

걱정할 것은 없다. 인생의 시간표는 늘 이렇게 흐른다. 그분은 생애 후반기의 삶을 리뉴얼하는 변곡점에 서 있었다. 현실적 대안이 없어 보이는 낯선 것들은 그의 지식과 경험이 만들었다. 삶은 지식과 경험을 초월해 있다는 것을 배울 때가 온 것이다. 머리가 아닌 가슴으로, 아니 가슴이 아닌 온 존재로.

몇 년 지나고 나면, 그분은 지금의 혼란이 있었기에 내 삶은 이렇게 성장했다고 고백할 수 있을 것이다. 이 책은 이런 분들을 위한 것이다.

작년 가을에 생명보험사 직원을 대상으로 '감정치유' 특강을 한 적이 있다. 대상은 주로 40~50대 전후의 여성이었다. 강의가 중반을 지나 모두가 마음을 열어놓을 즈음에, '지금 엄마에게 가장 듣고 싶은 말이 무엇이냐'고 물었다. '너는 잘할 수 있어', '다 잘될 거야', '응원할게', '힘내'……. 쉽게 들을 수 있는 말들이 주를 이루었다. 더 이상 나올 말이 없어 잠시 침묵하던 중에 누군가 부드럽고 단호하게 말했다.

"괜찮아."

이 말은 모두에게 들려주는, 다정하고 힘 있는 엄마의 목소리였다. 분위기는 숙연해졌고, 몇 분은 눈물을 닦았다.

생애 후반기는 내가 할 수 있는 것과 할 수 없는 것이 구분되는 시기다. 젊어서 가졌던 이상과 현실의 벽 사이에서 타협을 해야 할 시기다. 이 나이에 자신이 살아온 삶을 예찬할 사람이 얼마나 되겠는가. 입으로는 "괜찮아"라고 위로하지만 마음 깊은 곳에서는 "괜찮지 않아"라고 울먹인다. 사회적 성공을 거둔 사람이라 해도 문제는 다른 곳에서 생긴다. 그들도 정작 자신의 내면으로 돌아가서는 자기로 살지 못한 것을 후회하는 것을 나는 많이 봤다.

"괜찮아"라고 말하는 마음 뒤쪽에는 "괜찮지 않아"라고 말하는 마음이 있다. 서로 다른 두 개의 마음이 갈등을 일으키고 타협안을 찾지 못하는 일이 반복되면 마음 안에는 공허가 차곡차곡 쌓인다. 나이 50을 살기 위해서 그동안 얼마나 많은 갈등을 품어야 했겠는가. 나이 50을 '지천명知天命'이라 묘사한 것은 하늘의 뜻을 알아 성인 군자로 산다는 것이 아니다. 삶에 대한 물음을 하늘과 연결되어 있는 마음 깊은 곳에서 찾아야 할 때가 됐다는 것을 의미한다. 여전히 밖에서 찾을 것이 많다고 하는 사람도, 밖의 것이 나에게 주는 의미는 안에서 찾아야 한다.

나를 찾아오는 내담자, 내 강의를 듣는 대학원 수강생, 여러 세미나와 모임 등, 나의 주된 클라이언트는 이 사회의 허리인 40~50대다. 그들에게는 서정주 시인이 쓴 〈국화 옆에서〉의 한 연처럼 "인제는 돌아와 거울 앞에선 내 누님처럼 생긴 꽃"인 성숙한 자화상이 그려져 있다. 그들이 나이 50까지 끌어안고 가져온 아쉬움과 눈물은 50세 이후의 삶을 새롭게 구성하는 자원으로 사용될 수 있다. 나는 그것들을 차근차근, 때로는 강한 어조로 이야기하려 한다.

삶은 성장의 변곡점마다 낯선 감정으로 신호를 알린다. 네 살 전후 아이의 짜증, 사춘기 청소년의 질풍노도, 새내기 직장인의 설렘과 기대, 그리고 생애 후반기에 찾아오는 공허함……. 이것들은 모든 사람의 인생길에 놓인 이정표다. 이상할 것이 하나도 없다. 왜 거기에 이런 이정표가 있느냐고 따져 묻는 것은 아니다. 이정표가 나오면 따라 걸으면 된다.

50의 문턱에 찾아온 낯선 것들은 비록 현실적인 것들과 함께 얽혀 있을지라도, 우리가 수용하고 사랑해야 할 또 다른 나다. 사회적, 경제적 불균형이 심한 우리나라는 공허의 체감도도 양극화됐지만, 그래도 희망은 희망을 보는 사람의 것임을 나는 이야기하고 싶다.

50세 이전의 자기실현은 땅의 원리인 세상을 배워 적응하는 것이라면, 50세 이후의 자기실현은 하늘의 원리인 사랑을 배워야 할 시기다. 나는 우주의 원리는 사랑이라고 믿는다. 사랑은 모든 것을 품는다. 사랑 안에는 두려움이 없다. 이제는 자기와 자기 안에 있는 낯선 것들, 그리고 자기 밖에 있는 것들을 서서히 사랑해야 할 때다.

사랑에는 조건이 없다. 사랑은 자석의 양극처럼 서로 끌어당기는 힘이다. 사랑은 주체와 대상이 따로 없다. 우리는 무엇보다도 자기와 자기 앞의 생을 사랑해야 한다. 내가 사랑의 주체도 되고 대상도 되는 것들에 대하여 말하려 한다. 마지막 장에서는 한 편의 드라마와 네 편의 영화를 분석했다. 우리 앞에 펼쳐지는 낯선 상황이 우리를 어떻게 당황하게 하고, 또 어떻게 우리를 변화시키는지를 이야기로 보여준다.

나는 이 책에서 '중년'이라는 말 대신에 '생애 후반기'라는 표현을 사용했다. 평균 수명이 늘어난 지금 중년은 생물학적 나이로 45세에서 대략 65세까지를 말한다. 반면 '생애 후반기'는 생물학적 나이와는 상관없이 삶의 태도를 점검하는 시기를 말한다. 이것은 필자의 구분법이다. 어떤 이는 45세 이전에 생애 후반기를 산다면, 또 어떤 이는 60세가 되어도 생애 전반기를 사는 경우도 있다. 내적 나이가 성장지수의 척도다.

이 책은 오랜 심리치료 임상과 강의 경험, 그리고 나의 세계관과 상상력을 기초로 썼다. 이 책이 생애 후반기를 살아가는 분들에게 작으나마 도움이 되기를 소망한다.

— 박성만

차례

1장

이제부터 모든 것은 태도에 달렸다

: 생애 후반기를 건너가는 낯설고 새로운 시선

2장

이 순간 여기에 살고 있으니 얼마나 기쁜가

: 공허함과 괴로움에서 벗어나는 기술

3장
내 마음에서 무슨 소리가 난다
: 진짜 자신을 만나러 가는 시간

4장

내가 선택한 것만 나의 태도가 된다

: 내 인생을 주체적으로 살기 위한 원칙

5장

내 마음이 몸을 통해 신호를 보낸다

: 몸과 마음과 병을 바라보는 관점

부록

인생의 절반쯤 왔을 때, 봐야 할 작품들

이제부터 모든 것은 태도에 달렸다

: 생애 후반기를 건너가는 낯설고 새로운 시선

잘 보면
살 길이 보인다

1년 전부터 예상은 했지만 막상 실직을 당하자, 그동안 쌓인 불안이 터져 우울증에 걸린 사람이, 대형마트 실내에 설치된 대형 크리스마스트리를 말없이 쳐다보고 있었다.

'어떻게 사나….'

눈물이 핑 돌았다. 이제 실직은 두 번째 문제다. 무너진 삶에 대한 의욕을 세워야 하는데, 그게 가능할 것 같지 않다. 자신의 처지가 그러니 카트를 밀고 오가는 사람들이 다 자기처럼, 죽지 못해 사는 것처럼 보였다.

사랑은
두려움을 몰아내고

그때였다. 어떤 젊은 부부가 딸아이와 함께 크리스마스트리 앞에서 스마트폰으로 셀카를 찍고 있는 모습이 눈에 들어왔다. 딸아이는 손가락으로 V자를 그리며 보조개가 쏙 들어가게 웃고 있었다. 구겨진 그의 얼굴이 펴지기 시작했다. 지금은 대학 졸업반인 딸이 저만 할 때도 나에게는 '어떻게 사나' 하는 고민은 있었다. 그런데 지금까지 살아오지 않았나. 깨달음이 왔다. '그래, 인생은 저래서 사는 거야.'

이게 몇 달 만인가. 내가 '지금 여기서 일어나는 일'을 보고 생각한 것이. 그동안은 '아직 일어나지 않은 일'을 상상하며 괴로워했는데.

요즘 졸업을 앞두고 예민해진 딸과 관계가 소원해졌다. 다 우울증에 걸린 나 때문일 것이다. 오늘은 집에 일찍 가서 무조건 딸 얘기를 들어줘야겠다. 딸이 좋아하는 아이스크림을 사가야지. 나에게도 사랑할 사람이 있다는 생각이 들자 마음이 가벼워졌다. 아직 재취업을 못 했고, 국가의 경제적 위기는 불을 보듯 뻔한데, 어디서 생겼는지 모를 편안함이 왔다. 방금 전만 해도 긴 한숨만 나왔는데. 사랑에 대한 믿음 때문이다. 사랑하는 능력이 곧 인생의 능력이다.

성경에는 "온전한 사랑은 두려움을 몰아낸다"는 구절이 있다. 그의 마음이 미래에서 현재로 돌아오고 있었다. '생각하기'가 '보기'가 되었고, 미래가 지금 이 순간이 되면서 일어난 마음의 변화다.

"살아있는 것은 다 살 수 있다."

이를 깨달음이라 한다. 깨달음은 미래가 현재가 되게 하고 그곳이 이곳이 되게 한다.

힘든 일이 생길 때마다, 좋은 기억을 만든다며 주말마다 여행을 다니는 부부가 있었다. 그 부부는 진실로 여행을 즐긴 것이 아니라 여행으로 도피한 것이다. 여행 없이도 힘든 일이 힘들지 않아야, 여행을 여행으로 즐길 수 있다. 돌아오는 주말, 부부는 또 여행을 떠날 것이다. 그들은 더 많은 돈을 쓰고 나서야 인생 공부에 진전이 있을 것이다.

인생에 걱정이
생기는 이유

30대 후반이 되어서도 마땅한 직업 없이 아르바이트로만 전전 궁긍하는 고학력자 남자가 있었다. 대인기피증에 불안장애도 있어서 인간관계와 사회 적응에 뒤처졌다. 그는 과거의 부모를 원망했고 아직 일어나지도 않은 일을 되풀이해서 걱정했다.

나는 그의 괴로운 푸념을 인내심을 가지고 다 경청했다. 내가 하나님이라면 이 사람부터 돕고 싶었다. 외로운 그는 단칸방에서라도 소박한 가정을 꾸리는 것이 소원이었다. 그러나 이 남자가 좋다고 시집와서 고생할 여자가 어디 있을까?

그로부터 5년이 지난 어느 날, 그 남자에게 전화가 왔다. 그때 고마웠다며 식사를 대접하고 싶다는 것이다. 그는 목공일을 배워 얼마 전부터는 정식 기술자가 되어 독립했고, 결혼도 했다는 거다. 전화를 끊기 직전에 그는 이렇게 말했다.

"선생님, 살아있는 것은 다 살게 마련이라는 믿음을 가진 후로 용기가 생겼습니다. 저는 몽상가였습니다. 몽상이란 현실을 앞에 두고 유체이탈하는 것에 불과한데, 저는 몽상을 이상주의로 착각했던 겁니다. 그 시절 제가 고통을 겪은 까닭은 지금 일어난 일이 아닌 과거에 일어난 일이나 앞으로 일어날 일을 보려 했기 때문입니다. 목공 보조 일을 하면서 제 눈은 한 순간도 목공 도구와 나무에서 뗄 수 없었습니다. 보는 눈, 그것으로 저는 변화되었습니다."

우리 민담을 보면 '옛날옛날'에, '아주 좋지 않은 상황에서' 이야기가 시작된다. 가령 〈우렁이 각시〉는 나이 30 먹은 노총각이 결혼할 여자도 없고, 농사지어야 다 갈취당하는 상태에서 시작한다. 무능한 상태, 즉 무의식에 사로잡혀 있는 어린아이와 같은 상태를 말한다. 그의 성장사는 생각만 하는 것에서 보는 것으로, 그리고 행동하는 것으로 이동한다. 노총각은 우렁이 소리를 들었고, 우렁이를 보았고, 우렁이를 집으로 데리고 왔다. 한 개인의 성장사에 이 세 가지만 있으면 어디에 있든 못 살 일이 없다.

운동을 하면 건강하게 살 수 있다는 것은 누구나 잘 안다. 그런데 "운동해야지, 운동해야지" 해봐야 무슨 소용이 있는가. 〈우렁이 각시〉에서 노총각은 '내가 밥을 해서 누구랑 먹지' 하고 생각만 하며 괴로워했다. 우렁이 소리를 듣고 밖으로 우렁이를 보는 순간 그는 무의식의 잠에서 깨어난 것이다. 봄이 가져다준 깨달음이었다. 그는 마침내 결혼했다. 인간의 걱정거리는 몸은 꼼짝 않고 생각에만 사로잡히기 때문에 생긴다.

적게 생각하고, 적게 말하고, 많이 보라

〈나는 자연인이다〉라는 TV 프로그램이 있다. 독거 수도사처럼 자연에 은신한 '자연인'들은 자급자족을 해야 하기에, 하루 24시간도 부족할 정도다. 그들은 자연의 소리를 듣고, 자연을 보고, 할 일이 있기에 외로울 틈이 없다. 그들은 몸이 건강해졌고 마음도 편안해졌다고 한다. 만일 누군가 필요한 물품을 공수해줘서 할 일이 없어진다면, 그때부터 그들은 생각만 하는 사람이 될 것이다. 가을바람이 쓸쓸하게 부는 어느 날에 그는 외로움에 사무쳐 절벽으로 뛰어갈지도 모른다. '봄seeing'은 외부와 상호작용하게 한다. 자연을 보는 그들은 자연과 상호작용하며 자연인이 된 것이다.

2년 전부터, 나는 외국 예술영화를 보면 잠이 오곤 했다. 이젠 늙은 건가. 이 좋은 영화를 못 볼 정도로. 깨달음이 왔다.

"영화는 듣는 것이 아니라 보는 것이다. 들으려면 라디오를 들어야지. 아!"

나는 자막보다 영화의 영상과 인물 표정을 먼저 보았다. 그러니 자막은 뒤따라 왔다. 영화는 보는 것이었다. 영화도 인생도 보는 것이다. '봄'으로 거기에 있는 빛과 어두움을 사랑하게 된다. 기도의 가장 높은 단계인 관상觀想 기도는 보는 기도다. 생각은 봄을 따라오지 못한다. 신을 '본' 신비주의자에게 신을 '생각하는' 신학자는 비교 대상이 아니다. 삶이 아무리 힘들고 어려워도 지금 볼 것을 잘 보는 사람은 다 살게 마련이다.

기일이 지난 신용카드 대금을 갚지 못했고, 집세가 밀려 있고, 언제 해임될지 모를 불안한 비정규직 일을 하고 있고, 당뇨 합병증이 서서히 몸에 퍼져나가고, 배우자와 갈등이 심하고, 아이들은 컴퓨터 게임에 빠져 있다. 그렇다고 불평과 원망만 하고 있으면 무엇을 얻을 것인가?

삶이 어려워지는 것은 더 소중한 것을 보라고 기회를 주는 것이다. 삶이 힘들어질수록 적게 생각하고, 적게 말하고, 많이 보라. 복잡한 것이 단순해지고 살 길이 보일 것이다.

'힘들다'라는 게
도대체 무엇일까

청운의 꿈을 품고 유럽으로 유학 갔다. 와서 시간강사만 7년째, 어느덧 40이 되었다. 엄마는 실의에 빠진 아들을 집으로 불러서 저녁 식사를 같이하자고 했다. 제 지친 감정에서 빠져나오지 못한 아들은 거절하려 했지만, 귀국 후에 한국 사회에서 거절당한 경험이 떠올라 엄마에게 그런 감정을 안겨드리지 않기로 했다.

집에는 엄마만 계셨고, 엄마는 특별할 것도 없이 평소에 드시던 음식으로 식탁을 차렸다. 아, 얼마 만에 엄마와 단둘이 먹어보는 집밥인가? 아들의 눈에 눈물이 핑 돌았다. 그동안 자기 감정에 지쳐 엄마에게도 품었던 미운 감정이 말없이 스르르 녹아내렸다. 당장 좋은 소식이 있거나 상황이 변한 것도 아닌데, 아들은 마음이 편해졌다. 마치 엄마 품에 안긴 듯했다. 그의 무의식은 유아기에 겪었던 수유 경험을 한 것이다. 그것은 마음의 밑바닥에서 갈구하는, 위로받으려는 원초적 본능이다. 우리는 이 에너지로 산다.

묵묵히 식사를 하시던 엄마는 딱 한 말씀만 하셨다.

"걱정 마, 다 잘될 거야."

다른 때 같았으면 화를 냈을 것이다. "그런 상투적인 말씀으로 냉정한 세상에 지친 저를 위로하려 하지 마세요"라고 항변하고 싶은 때가 한두 번이던가.

이상하게도 그날은 달랐다. 정말 모든 것이 다 잘될 것 같은 생각이 들었다. 그 말씀은 엄마 품에 안겨서 먹은 모유나 다름없다. 그는 엄마 품에서 모든 것을 엄마에게 맡기는 유아기의 경험을 다시 한 것이다.

엄마와 헤어져야
진짜 독립이다

유아는 엄마가 있어서 걱정이 없다. 필요한 것은 엄마가 다 채워준다. 그럼 성인인 우리에게는 엄마가 없는가?

있다. 각자의 마음 안에 계신다. 어린 시절에 경험한 '먹여주는 엄마'의 흔적이 모여 인격적인 존재로, 또 그 이상의 존재로 각자의 무의식에 계신다.

내 안에 있는 엄마를 밖에서 찾으니 늘 외롭다. 내 안에 있는 허기를 다른 곳에서 찾으니 늘 부족하다. 알코올 중독자는 알코올이 엄마가 된 것이고, 도박 중독자는 도박이 엄마가 된 것이고, 수집 중독자는 수집이 엄마가 된 것이다. 얼마나 많은 사람이 제 속에 엄마를 놔두고 엄마를 찾아다니는지!

깨달음이란 내 안에 있는 엄마를 바로 지금 이 순간에 인식하는 것이다. 한 사람의 생애 후반기에는 엄마는 돌아가셨거나, 살아 계셔도 내가 돌봐드려야 하지, 과거처럼 나를 돌보는 분이 아니다. 내 안에서 엄마를 찾아야 한다. 그러려면 외부로 투사되는 엄마에 대한 감정을 분리해야 한다.

분석심리학은 내가 나로서 살기 위한 중년의 과제로 엄마로부터 분리를 들었다. 외부에서 오는 달콤한 위로를 기대하지 않으니 당당히 자기 길을 갈 수 있다.

종교심리학에서 신은 부성보다는 모성으로 더 강하게 인식된다. 인간이 신이 된다는 것은 신의 전지전능함을 행하는 자가 되는 것이 아니라, 자신 안에 모성이라는 신을 모셔들여 독립적인 존재가 되는 것을 말한다.

똑같은 상황에서도 어떤 사람은 많이 힘들고, 어떤 사람은 덜 힘들고, 또 어떤 사람은 어디서 생겼는지 모를 힘이 솟아나기도 한다. '힘들다'는 감정은 주관적인 느낌이다. 내 안에 모성, 즉 신성은 '힘들다'라는 느낌을 최소화할 수 있다. 범불안장애는 모든 것에서 불안의 원인을 찾는 성격장애로, 역으로 모든 것에서 모성을 찾는 사람들이다. 제 안에 있는 모성을 외부에서 찾으니 불안하다.

불안을
완벽히 없애는 법

두 명의 고등학생 자녀를 둔 가장이 직장에서 나와야만 했다. 불안한 그는 매일 불면의 밤을 보냈고, 하소연은 끝이 없었다. 그럴 만도 했다. 그럴수록 내면에서 그의 모성인 신성을 찾아 밖으로 나와야 한다. 그는 "그런다고 밥 먹여주느냐"며 스스로 원한 심리 상담을 조소했다. 그래봐야 하소연만 하다가 우울증에 걸릴 것이고, 알코올만 찾다가 알코올 중독자가 될 것이다. 나는 그러면 "밥만이 아니라 고기도 먹여준다"고 유머를 썼다.

그가 점차 안정을 찾아가고 현실적인 대안을 강구하기 시작한 것은 눈앞의 절망에 빠지지 않는 배짱, 희망, 용기를 가졌을 때였다. 그것은 본래 자기 안에 있는 자기 것이었다. '자기 것'은 자기의 신뢰를 기다린다. '자기 것'은 찾아다니는 것이 아니라 인정하는 것이다. '아, 나에게도 이런 잠재력이 있었구나' 하고 느끼는 것이다. 그러고 나면 '자기 것'이 알아서 움직인다.

심리치료는 많은 불안이 상상 속에서 스스로 만든 것이며, 불안은 꼭 미리 대처하고 사는 것이 아님과, 어떤 외적 불안도 막상 닥치면 대처해나갈 힘이 내 안에 있음을 깨닫게 해준다. 이 힘은 그의 모성에서 나온다. 그는 자신 안에 있는 모성을 발견하기 이전, 한시적으로 치료자를 모성으로 경험하는 기간을 거쳐야 한다.

평생에 걸쳐 좋은 인간관계가 정신 건강에 꼭 필요한 이유는 그 관계가 모성, 즉 신성을 회복시키기 때문이다. 좋은 인간관계는 내가 먼저 상대를 평화롭게 해주면서 만들어진다. 생애 전반기에는 일이 있어서 외롭지 않게 살았다. 생애 후반기에는 좋은 벗이 있어야 외롭지 않다. 관계는 지금 당장 생각나는 아무개의 평화를 빎으로써 만들어진다. 평화는 공급자와 수여자가 따로 있는 것이 아니라 서로 나누는 거다.

10여 년 전 내가 일하던 기관에서 있었던 일이다. 정부 방침에 따라 한 부서를 폐지하기로 했다. 그 부서에 근무하던 직원들은 권고사직을 당하거나, 전공과 관계없는 부서로 보내질까 봐 몹시 불안해했다. 당장 그런 일이 일어난 것도 아닌데, 그들의 상상 속에서는 이미 그런 일이 일어난 것이나 다름없었다. 그때 지나칠 정도로 긍정적인 생각을 가진 직원이 있었다.

"다 잘될 겁니다. 걱정할 것 없어요."

그는 정말 걱정이 없었고, 평소와 다름없이 평화로운 마음 상태를 유지했다. 그의 그런 힘은 직장 내에서 넓고 좋은 인간관계를 유지한 것에서 나왔다.

지옥에 떨어져도 그곳 사람과 좋은 관계를 맺으면 구원이 온다. 신은 스스로 존재하는 자, 곧 현재다. 우리가 현재를 살지 못하는 이유는 과거 경험에 기초를 둔 현재에 대한 느낌 때문이다. 과거는 좋은 습관을 만들기도 하지만, 없어도 될 불안을 키우며 정신 에너지를 낭비하기도 한다.

정말 힘들어서
힘든 걸까

사람은 힘들어서 힘들고, 힘들지 않아도 힘들다. 말을 안 해서 그렇지 멍석만 깔아주면 "사실은……" 하고 다 나온다. 이야기를 잘 들어보면 그들은 정말 힘든 시기를 보내고 있다. 그러면 정말 힘든 걸까? 그것은 아니다. '힘들다'라는 느낌에 집중해서 힘들다. 이 느낌은 하마의 입과 같아서 힘들지 않은 사람도 모조리 삼킨다. 그래서 인생을 '고苦'로 보는 종교도 있다. 고에서 벗어나는 방법은 꿈에서 깨어나는 것이고, 꿈에서 깨어나면 그를 괴롭힌 모든 것이 본래 '없던 것'임을 깨닫는다. 꿈은 없던 것을 있는 것처럼, 느낌을 만든다.

많은 돈과 시간을 투자해서 해외 유학을 했는데, 정말 전임교수가 안 되어서 힘든 건가? 그러면 전임교수만 되면 힘든 것이 없어져야 한다. 그렇지 않다. 전임교수는 가르치는 일 말고도 그 밖의 다른 일 때문에 더 힘들다. 사람들은 죽음은 두렵지 않은데 죽어가는 것이 두렵다고 한다. 아직 죽음은 멀리 있는데, 상상으로 죽음을 두려워하고 결국 그 두려움은 진짜가 된다. 마음의 장난은 도를 넘는다. 막상 죽어가는 사람은 그 고통을 이겨낼 힘도 함께 분비된다는 생각은 못 하는가?

힘듦에서 벗어나는 근본적인 처방은 '내어주고 맡기는 것'이다. 힘듦은 힘듦이 알아서 하지 내가 어떻게 하는 것이 아니다. 이 세상에 있는 모든 것은 주인이 따로 있다. 심지어 내 통장에 있는 현금도 은행이 주인인 시기가 있다. 내 것이 아닌 것을 내 것으로 하려니 삶이 얼마나 힘들겠는가?

나 외에는 내 것이 없다. 잠깐 빌렸다가 돌려줘야 하는 것이다. '힘들다'라는 상태는 '힘들다'라는 느낌에서 나왔다는 것을 받아들이기만 하면 힘듦은 절반으로 줄어들 것이다. 힘듦이 있음으로 나와 타인, 그리고 내가 속한 공동체와 연대하여 인간의 이기적 본능에서 벗어나기도 한다.

예상치 못한 변화에
흔들리지 않으려면

"인생에 상수가 많을까, 변수가 많을까"라는 주제로 사람들과 대화를 나눈 적이 있다. 나이 40 전에는 상수가 많다고 했고, 40 이후로는 변수가 많다고 했다. 상수가 그가 속한 집단의 보편타당한 원리라면, 변수는 예측할 수 없는 돌발 상황이다. 상수가 매뉴얼 안에 있는 것이라면, 변수는 상황을 반전시키는 예상 밖의 일이다.

노력한 만큼의 결과만 얻기를 원하는 사람은 없다. 잘 되는 변수가 내 것이 되기를 원하여, 신의 이름으로 그것을 구해 종교는 흥한다. 수능 시험을 앞두고 교회나 사찰에서 간절히 기도하는 수능 엄마들은 상수가 아닌 변수를 원한다. 노력한 것보다 플러스알파를 얻기를, 혹은 공부한 범위 안에서 문제가 출제되기를 원한다. 노력한 만큼이라면 기도의 동력을 잃는다. 입으로는 "공부한 만큼만, 침착하게"라고 하지만 속은 다른 거다.

변수는 그냥
받아들이는 것이다

변수가 행운과 불운을 만든다. 변수는 자아의 통제를 벗어난 자기 원리로 삶의 변곡점마다 발생한다. 어떤 때는 행운으로 또 어떤 때는 불운으로. '새옹지마'라 했다. 행운 안에는 불운이 있고 불운 안에는 행운이 있다. 이 두 가지를 쌍두마차로 내 인생은 달린다. 불운이 왔다고 좌절할 것 없고, 행운이 왔다고 교만할 일도 아니다.

노력은 해야 하지만, 인생은 노력한 대로만 되는 것은 아니다. 큰일일수록 더 그렇다. 부동산 투자로 부자가 된 사람이 있고, 많은 손해를 본 사람도 있다. 공부를 많이 해서 성공한 경우가 있고 오히려 성공하지 못한 경우도 있다. 이상하게 일이 그렇게 전개된다. 인생이 끝나는 지점에서는 그것은 다 나를 만들어가는 도구였음을 깨닫게 될 것이다.

행운과 불운을 구분하는 일은 속절없는 일이다. 행운이나 불운은 그가 속한 집단의식이 만들고 내가 동의한 것이다. '참 자기'가 만든 것은 아니다. 참 자기는 내게 꼭 필요한 일만 일어나게 하고, 내게 일어난 모든 것을 사용하여 삶을 만들어간다. 어떠한 인생의 변수라도 받아들일 준비를 하고 살아라. 세상에 이런 일이? 세상에는 그보다 더한 일도 일어난다. 세상에 애간장 태울 일은 본래 없으나, 자아가 제 감정으로 애간장을 만들고 태우는 것이다.

꼭 맞지 않는 것을 알면서도, 사람들은 사주를 보고 점성술을 보고 타로를 본다. 그것은 오랜 역사를 지닌 인생 철학이다. 그것이 야바위 같은 속임수였다면 진작 역사의 뒤안길로 사라졌을 것이다. 그것은 큰 틀에서 예측 가능한 인생의 상수를 대략 보여준다. 그 상수에 근거해서 구체적이고 작은 결정을 내리는 데 도움을 받을 수 있다. 그러나 변수의 힘도 무시하지 못한다. 미국의 신비주의자 에드거 케이시Edgar Casey는 "운명은 별자리와 관련이 있으나 자유의지는 운명을 바꾼다"라고 했다. 자유 의지는 변수를 만든다.

한 치 앞을 내다볼 수 없는 인생을, 조금이라도 투명하게 비추어 불안한 마음을 달래려고 역술인을 찾는다. 역술은 심리학에 근거한 상담보다 더 오랜 역사를 가진, 한 번에 먹는 강장제와 같은 상담이다. 맞고 안 맞고는 둘째 치고, 불안을 달래주고 자신의 삶을 받아들이게 한다. 세상에는 사실fact은 아니지만 진실true을 담고 있는 것이 많다. 사실과 인생의 상수가 주로 의식에 근거를 둔다면, 진실과 인생의 변수는 주로 무의식에 근거를 둔다.

삶에서 중요한 순간에는 변수의 의미를 잘 이해해야 한다. 그것은 비합리적이지만 합리적인 것보다 더 큰 힘을 가진다. 그것은 직관적이지만 초감각적 기능을 가진다. 그것은 사실이 아닌 진실로 다가오고 무시간성, 초이성적, 역동적이다. 변수의 소리를 들어라. 또 아는가, 그것이 나비 효과가 되어 돌아올 줄.

이성 교제에 별 관심이 없던 남녀가 우연히 이메일로 커플이 되었다. 우연의 일치라고 하기에는 놀라울 정도로 그들은 같은 날, 거의 같은 시간에 서로에게 이메일을 보냈다. 초이성적인 무의식 소통의 결과이고, 이런 일이 몇 번 되풀이되다 보니 서로가 인연인가 하여 교제를 시작했다. 그들은 결혼을 하지는 않았지만 몇 년간 교제하며 각자 많이 성장했고, 이후 인생살이에 큰 이정표가 될 거라고 했다.

인생의 상수는 안정적인 틀을 만들어준다면, 변수는 그 틀을 깨고 더 큰 세계로 모험을 시도한다. 의식은 안정을 추구하지만 무의식의 입장에서 안정은 삶의 한 측면에 불과하다. 하나를 위해서 다수를 포기할 수 없다. 그러면 삶을 정리할 시간에 반드시 후회한다.

두려워하지 않을 용기는
어디서 올까

옛 이야기를 읽다보면 삶에 반전을 가져오는 변수가 종종 등장한다. 그 변수는 상수를 뒤엎는다. 〈흥부전〉에서 놀부의 욕심이 극에 달해 아무도 그를 통제할 수 없을 때 '제비'라는 변수가 등장하여 이야기를 뒤집는다. 〈은혜 갚은 까치〉에서는 과거를 보러 가는 선비가 구렁이에게 물려 죽기 직전에, 까치가 날아와 종을 쳐 이야기는 반전된다. 인생은 상수가 아닌 변수가 반전시킨다는 진실을 조상들은 누구나 쉽게 이해할 수 있는 이야기의 형식으로 전하고 있는 거다.

분석심리학에서는 '민담(옛이야기)을 분석하는 일은 마음을 해부하는 일'이라고 했다. 오랜 역사를 걸쳐 구전과 구전으로 만들어지고 변형된 민담은 인생과 삶의 원리를 담고 있다고 했다.

민담에서는 절체절명의 순간에 새가 날아와 위기에 처한 사람을 돕는다. 새를 의인화시켜 흥미를 유발하려는 것이 아니다. 새는 인간에게는 없는 날개가 있어 하늘을 난다. 조상들은 나는 동물을 다른 차원에 있는 존재의 상징으로 보았다.

한국인에게 봉황새는 새를 대표하는 전설적인 새다. 간절히 원하면 이루어진다고 했다. 간절함은 다른 차원을 감동시켜 돕는 이를 보내준다는 것이다. 조상들은 변수가 삶을 크게 변화시킨 경험을 가지고 있다. 그것이 옛 이야기의 새로 상징화되었다.

〈새타령〉은 남도잡가로 조선 후기에 서민들이 부르던 민속악이다. 화창한 봄날에 여러 새들의 모습을 멋있게 묘사한 노래로서, 전라도 지역의 소리꾼들에 의하여 전창(傳唱)되었다. 여기서도 새는 다른 차원에서 온 인간의 도우미다.

새가 날아든다, 왼갖 잡새가 날아든다

새 중에는 봉황새, 만수문전에 풍년새

산고곡심 무인처, 울림비조 뭇새들이

농춘화답에 짝을 지어, 쌍거쌍래 날아든다

저 쑥국새가 울음 운다, 울어~~ 울어 울음 운다

이 산으로 가면 쑥국 쑥국

저 산으로 가면 쑥쑥국 쑥국

어허~ 어히~ 어허~

좌우로 다녀 울음 운다

위 민요에서 새는 신과 인간 사이를 매개하여 풍년을 예고하는 하늘의 전령사다. 분석심리학에서도 새는 정신의 다른 차원인 집단무의식에 속해 있으면서, 의식과 매개 역할을 하는 상징이다. 이를 영혼의 안내자라고 한다.

영혼의 안내자는 우리가 성장으로 부름 받는 최적의 시기에 심리적, 또는 물리적 현상으로 우리 앞에 나타나 상황을 반전시킨다. 그럴 때마다 자아는 큰 일이 더 큰 이에 의하여 움직이고 있다는 것을 단지 느낄 뿐이다. 그 낯선 흐름을 따르라. 두렵지 않은 새로운 것은 없다.

인생의 변수인 영혼의 안내자는 자아의 예측을 빗나간다. 가진 것을 빼앗아가고 없는 것을 채워준다. 보던 것을 못 보게 하고 못 보던 것을 보게 한다. 할 수 없는 것을 하게 하고 할 수 있는 것도 할 수 없게 한다. 변수는 삶의 나비 효과다. 삶을 재편성한다. 죽음이 임박해도 흔들리지 않는 든든한 존재감을 만들어나간다.

이런 일들은 우리 마음을 훨훨 날아다니는 온갖 새들이다. 새의 소리에 귀를 기울여라. 마음의 새는 두려워하지 않을 용기를 준다.

두려움은 새로움을 낳지만, 그 새로움은 더 큰 것을 위해서 또 다른 두려움으로 향한다. 삶은 이런 순환의 연속이다. 순환이 끝나는 지점으로 갈수록, 두려울 것도 새로울 것도 없이, 모든 것이 하나로 연결된 지점에 이른다.

삶의 경계선에 도달한
당신에게

당차게 세상을 살다가, 어느 날 갑자기 안개길을 걷는 것 같다는 사람을 만난다. 세상에 대한 그의 희망은 '최선'을 기초로 삼았다. 그는 최선을 종교처럼 신봉했다. 그는 가족과 함께 성장했다. 그러다가 최선이 더 이상 삶에 만족을 주지 않고 전진시키지도 않는다는 것을 알게 되었다. 그는 최선이 아닌 다른 차원에 진입할 준비가 된 것이다.

남편 성공시켰고, 자식들 잘 키웠고, 친정과 시부모에게 효도했다. 이렇게 열심히 살았으면 보상이 있어야 하지 않나. 그런데 마음이 이상하다. 만족한 것도 아니고 아닌 것도 아니다. 보상을 받은 것 같기도 하고 아닌 것 같기도 하다. 내 것의 일부로 생각한 남편의 성공, 자식의 성과물, 어르신들의 칭찬, 이런 것이 다 낯설게 느껴진다. 내 것이 아니라고 하자니 박탈감이 들고, 내 것이라고 하자니 내 것이 아니다.

그는 경계선에 서 있는 거다. 갈등은 경계선을 넘으려는 사람만 할 수 있다. 넘기를 포기한 사람에게는 그런 갈등조차 없고, 이전의 삶에 안주해버린다. 거기서 마침표를 찍는다. "나 때는 말이야"는 이런 사람들의 몫이다. 당신은 다가오는 죽음을 부정할 것이고, 꺼져가는 삶의 등불을 조금이라도 더 밝히려고 애를 쓸 것이다. 이렇게는 살지 말아야 한다.

경계 위에 서서 하는 고민

지금 당신은 여기도 저기도 아닌 경계선에 서 있다. 뒤로 돌아가자니 그것은 아닌 것 같고, 앞으로 가자니 낯설고 두렵다. 당신이 가야 할 곳은 의식과는 대립되는 태고의 비밀을 간직한 무의식의 세계다. 무의식의 소리를 들으라. 합리적인 것보다는 비합리적인 것에 기대를 걸어라. 경험을 넘어선 직관을 믿으라. 거기서 당신이 성취한 것으로부터 소외된 것을 보상받을 것이다.

경계선을 넘으면 당신의 내면에는 당신이 살고 있는 주택보다 더 우아한 집이 있다는 것을 발견한다. 당신은 콘크리트 집을 팔아서 황금 집을 살 것이다. 황금 집은 소유가 아니라 세계를 비추는 집이다. 나의 황금 집은 자본주의의 폭군이 아니라, 빛으로 공유하는 어떤 것이다. 생의 후반에는 내면의 황금을 캐어내는 수도사가 되어야 한다. 세속 안에 있는 수도사는 세속을 떠난 수도사보다도 세상에 비출 빛이 더 많다.

아직은 콘크리트 집과 황금 집의 경계에 서 있다. 내가 속한 집단의식은 전자를 강요하고, 자기Self는 후자를 따르라 한다. 그 과도기에 나도 모르게 애매모호한 사람이 된다. "너 이상해졌어", "예전의 네가 아니야", "네 속을 모르겠어" 하는 말을 듣는다. 들어야 한다. 삶의 경계를 넘으려는 사람에게 오해와 시행착오와 좌절은 피할 수 없다. 어차피 그것을 짚고 가야 하니 걱정할 것 없다. 다시 일어설 준비만 하면 충분하다. 삶은 내가 설정한 방향대로 흘러간다. 어디로 설정할 것인가?

건축 일을 하는 50대 초반의 남성이 있었다. 그는 지금까지 직장, 가정, 종교, 인맥 관리를 위한 각종 모임에 성실히 임했다. 성실한 남편이고 아버지이고, 부모의 아들이었다. 그런데 '잘못 살아왔다'라는 생각에 우울했다. 심리 상담을 받았는데 '지금 까지 당신 잘 살아왔다'라는 지지를 받았다. 기쁨은 일순간. 그 럼 앞으로도 계속 이렇게 살면 되는가? 그는 다시 회의하기 시 작했고, 자신을 탐구하기 위해 심리학 책과 인문학 책을 읽기 시작했다. '나 잘못 살아온 것 맞구나' 드디어 경계를 넘어 새 로운 지평이 펼쳐지는 곳으로 나갈 준비를 했다.

그는 삶의 가치를 물질적인 것에서 정신적인 것으로 바꾸기 시작했다. 그러고 나니 지금까지 좋았던 관계에 문제가 드러 나기 시작했다. 실은 오래 전부터 있었던 문제였다. 회피했을 뿐이다. 알맹이는 놔둔 채 겉치레에 왜 그토록 집착을 했는지! 그는 인생에는 반드시 혼자만 가야 할 길이 있음을 발견했다.

애매모호함을
견디는 힘

어떤 40대 후반의 여성은 삶의 경계선에 있었으나, 뒤로 가기를 원했다. 그녀는 자기 삶에 문제가 있음을 인정하지 않았다. 인정하더라도 앞으로 나가기에는 뒤에 쌓아둔 것이 너무 많았다. 지금까지 잘 살아왔다고 지지받기를 원했다.

그녀는 상담사에게 그런 지지를 받았으나, 기쁨은 그때뿐 다시 경계선의 모호한 상태에서 방황했다. 그녀가 계속 지지만 원한다면, 그녀는 앞으로 한 발자국도 나가지 못할 것이다. 그녀는 익숙한 것 주위만 빙빙 돌 것이다. 얼마나 많은 사람들이 이런 식으로 삶을 소진하고 있는가! 누릴 것이 너무 많아서 그렇다.

그녀는 가정과, 그가 속한 종교단체에서 정서적 거리를 두어야 가야 할 길로 갈 수 있다. 그러나 그녀의 지지는 모두 거기서부터 나왔다. 그녀는 그 협소한 공간에 자신의 남은 삶을 위탁해버릴 수 있는 위기에 있었으나, 위기를 위기로 인식하지 못하고 있었다. 나이에 걸맞지 않게 상대의 관심을 불러내는 애교가 그녀에게 있었다. 나는 이를 '퇴행의 애교'라고 한다.

정신분석학자 도널드 위니콧Donald Winnicott은 이것도 저것도 아닌 애매모호함을 견뎌내는 능력을 성숙의 요소로 보았다. 인간의 창조성은 모호한 상태로부터 분화된다고 했다. 모호한 상태의 뒤에는 사랑의 환상이 있고, 그 앞은 넓은 세상이 펼쳐져 있다. 사랑의 환상은 여전히 삶의 안정을 보장해준다. 더 넓은 세상으로 나가려면 "나는 나다" 하고 전진하는 공격성이 필요하다. 생애 중요한 순간마다 찾아오는 모호함, 그것을 이상히 여기지 말고 그 안에 머물러라. 당신이 가야 할 곳, 넓은 세상이 곧 보일 것이다.

당신 인생은
당신이 만들었다

청년 실업난으로 자학하는 청년에게 말했다.

"먼저 자신이 삶을 긍정하는 것부터 시작해서 꿈을 키워야 한다."

그랬더니 "내 삶을 긍정한다면 어떻게 꿈을 키울 수 있느냐" 며 청년은 반색했다. 아마도 그는 현재를 부정해야 미래를 꿈꿀 수 있다고 생각했던 것 같다.

"현재를 부정하면서 미래를 꿈꾸면 자네 꿈은 10년 후에도 20년 후에도 항상 미완료될 걸세. 현재를 긍정하면서 꿈을 꾸면 자네 꿈은 지금부터 이루어진 것이 된다네."

팍팍한 속세에 지친 청년은 내 말이 가슴에 와닿지 않는 것 같았다.

자기 삶을 긍정해야 하는 당연한 이유

왜 자기의 삶을 긍정해야 할까? 현재 자신의 모습은 수없이 많은 크고 작은 선택과 결정의 결과다. 누구든 그때는 최선의 선택과 결정을 한다. 그런 결정들이 쌓여 바로 오늘의 나를 만들었다. 시간을 되돌린다고 해도 같은 선택을 할 거다. 사람들은 현재가 싫어지면 과거도 함께 싫어진다.

삶에 우연인 것은 하나도 없다. 모두가 필연이다. 하다못해 길을 가다가 100원짜리 동전 하나를 주워도 필연이다. 당신의 삶에 돈이 화두로 끼어들었거나 끼어들 것이다. 현재를 긍정해야 하는 이유다.

몇 년 만에 대학 동창을 만났다. 그는 고지식하고 순수하고, 불의와 타협하지 않는 성정을 가졌다. 그는 자신이 옳다고 생각한 바에 대한 분명한 소신을 가졌다. 그의 선택과 결정은 양보할 수 없는 그만의 소신에 근거했다. 그의 성격이 세상과 타협하고 융합하는 데는 어려움이 있지만, 그의 삶은 그렇게 만들어졌다. 재물과는 거리가 멀었고, 적극적 사회활동은 피하고, 자기의 전문성에는 충실했다.

그를 '조선시대 선비'라고 부르는 사람이 있고 '시대를 읽지 못한 사회 부적응자'라고 하는 사람도 있다. 그도 한때는 자기 삶이 퇴보하는 것 같아서 고뇌했다. 삶의 방식을 바꾸어볼까도 생각했지만 바꾸고 싶지 않았고, 바뀌지도 않았고, 다른 것은 자신에게 어울리지도 않는다고 했다. 이런 사람은 아내가 그의 진실을 알아주기까지 긴 시간 동안 아내와 갈등도 불가피하다. 그렇게 나이 50 중반을 넘기니 그는 자기 철학에 완숙한 사람이 되었다. 서서히 은퇴를 준비해야 하는 시기에 그는 자신의 삶을 술회했다.

"내가 비록 변방의 선비처럼 살아왔지만, 내 삶을 후회하지 않는다네. 후회라면 그런 내 삶을 좀 더 긍정하고 감사하지 못했다는 걸세. 나는 나답게 살아왔고 앞으로도 그럴 걸세. 지금보다 내 삶을 조금만 더 긍정하고 감사하면서."

나는 직업상 사람을 일대일로 만나서 깊은 이야기를 나눈다. 내담자들의 어린 시절부터 지금까지의 긴 이야기를 듣다보면, 사람은 다 자기가 가진 인생 설계도면 대로 살아간다는 생각이 든다. 자신의 삶을 만들 최적의 부모와 환경을 만나고, 친구도 거기에 맞게 만난다. 거기에 맞는 선택과 결정을 한다. 내 삶은 내가 만들어간다. 내 삶은 내가 긍정해야 한다.

사업에 능한 사람은 어린 시절부터 돈의 흐름에 남다른 감각이 있었고, 선생은 어린 시절부터 지적인 헌신을 삶의 중요한 가치로 삼았고, 종교 지도자는 어린 시절부터 영적인 것을 갈망했다. 행복은 그가 성취한 것에 있는 것이 아니라, 그가 성취해 나가는 것을 어떻게 수용하고 이해하느냐에 달려 있다.

"아, 나는 이런 삶을 만들어가고 있구나. 또는 가야 하는구나!"

당신의 행복은 거기에 있다. 당신의 삶은 당신에게 절대적이다. 다른 곳을 기웃거리는 순간 당신의 삶은 상대적인 것으로 전락한다.

부모 잘못 만나
인생이 괴롭다는 이에게

자기를 되돌아보려는 사람에게 부모와의 관계를 살피는 일은 매우 중요하다.

"내가 부모를 잘못 만나 내 인생이 요것밖에 안 됐다."

성장하는 사람에게 부모는 원망과 불평의 제1대상이다. 현모양처의 대명사인 신사임당조차 아들 율곡에게 원망과 불평을 들었을 것이다.

우리의 부모는 신이 아니고, 우리처럼 상처를 지닌 존재일 뿐이다. 부모의 마음속에 있는 절망과 소망, 상처가 보이면 자식은 철이 든다. 철이 든다는 것은 드디어 타자를 타자로 이해할 수 있게 되었다는 것이다. 사람들은 자기 부모를 이해하는 만큼 타자를 이해한다.

3개월 동안 엄마에 대한 원망만 길게 늘어놓은 30대 내담자가 있었다. 그 원망에는 사실에 근거를 둔 것과 자기 해석에서 나온 것이 섞여 있었다. 더 이상 원망할 수 없는 원망의 극에는 이해가 있다. 그는 열악한 환경에서도 최선을 다하려는 엄마의 마음을 읽었고, 엄마가 받았을 마음의 상처를 헤아렸다.

엄마를 진정으로 이해하게 되자 자신을 긍정하게 되었고, 부정적 인간관계 방식도 긍정적으로 바뀌었다. 긍정은 부정에서 나온다. 긍정은 더 큰 긍정을 위해서 또 다른 부정을 만나야 한다. 이는 삶의 법칙이다.

"부모가 자식을 선택하는 것이 아니라, 자식이 부모를 선택했다."

이 말은 논리적이지는 않을지라도 역설의 진실을 담고 있다. 이 말을 가슴으로 느낄 수 있다면 부모 자식 간에 아쉬운 모든 감정이 눈 녹듯 녹는다.

벽돌 하나하나
모두 당신이 쌓았다

인류의 오래된 경험이 응축된 집단무의식에는 자기가 가야 할 길이 있다. 자기 삶을 낭비하지 않는 한 누구나 그 길로 간다. 우연과 필연의 구분, 의지로 개선할 수 있는 것과 없는 것의 구분은 무의미하다. 삶을 통째로 긍정하고 수용하면, 누구나 가벼워져서 하늘을 날아 높은 곳에 오를 수 있다.

위대한 종교적인 깨달음이라고 해서 특별한 것은 아니다. 긍정과 수용, 그리고 현재를 사는 거다. '신을 보았다', '신과 대화를 나누었다', '초월 세계를 보고 왔다' 해도 자기 삶을 부정하고 거부한다면 그의 경험은 그와 아무런 상관없는 것이 된다.

가난한 가정에 태어나서 검정고시로 고등학교 졸업장을 따고, 직업학교를 나와 중소기업에 취업했다가, 회사가 부도 나서 40대에 실직한 분이 있었다. 최선을 다한 그를 불운아라고 말할 수 없다. 불운아라는 사회적 의식만 있을 뿐. 곧 좋은 일이 생길 것이라고 그를 위로하는 행위는 영혼 없는 메아리가 될 수 있다.

그의 인생은 새롭게 시작되었다. 그는 그동안 못한 마음 공부를 하겠다며, 100일 동안 아침이면 도시락을 싸들고 도서관으로 출근하거나 홀로 근교 산행을 즐겼다. 그동안 만나지 못한 친구들도 만났다. 실직은 난생 처음 얻는 긴 휴가였다.

지금은 잘 몰라도, 후에 실직이 그의 삶에 큰 축복이었음이 밝혀질 것이다. 퍼즐 한두 개로 인생 전체의 희비를 논하지 말라. 퍼즐을 맞추고 있는 지금은 전체 그림을 모른다. 지금은 그저 그림판에 충실할 뿐이다. 지금에 충실한 사람은 삶을 부정할 시간이 없다.

"내가 이 세상에 태어난 것은 이때를 위함이다."

그렇다면 긍정하지 않을 것이 없다. 우리는 각자의 집을 짓는 건축가다. 벽돌 하나하나, 버릴 것이 없다. 내가 쌓은 벽돌은 모두가 주춧돌이다.

성공도 인생이고
실패도 인생이다

우연히 라디오에서 들은 정보다. 최근 영국의 한 저널에 의하면, OECD 회원국 중에 한국의 우정 결핍은 거의 바닥이라고 한다. 속을 터놓고 이야기할 친구가 없다는 것이다. 가장 큰 이유로 '실패를 수용하지 않는 한국식 성공주의'를 들었다. 그리고 "한국은 최근에야 실패를 받아들이기 시작했다"고 했다.

자기치유력과
우정의 관계

심리치료 임상에서 내담자를 쉽게 체크할 수 있는 방법으로 우정을 나누는 친구가 있는지 묻는다. 우정은 하루저녁에 술상에서 만들어지는 것이 아니라 오랜 세월 친분을 쌓으면서 서서히 만들어진다. 그러기 위해서는 정을 주고받을 수 있는 능력이 있어야 한다. 이 능력이 있다면 그는 정신적으로 건강하다. 이 능력이 있다면 살면서 겪는 웬만한 어려움은 충분히 이겨낼 수 있다.

한국은 정이 많은 민족이고 특히 우정을 중요시한다. 그런데 우정결핍 지수가 바닥이라니? 한국식으로 우정을 과시하는 "우리가 남이가"의 허세가 드러난 것이다. 친구들 관계가 사회적 직분과 재력에 따라 서열이 정해진다. 동창회 모임에는 그래도 명함 좀 내밀 만한 사람만 나오고, 그렇지 못한 사람은 자진 탈퇴하게 된다. 성공담은 미담이고 실패담은 금언처럼 되었다. 해봐야 얻을 것이 없다는 것이다. 실패를 나누지 않는 우정은 우정이 아니다.

한국의 자살률은 영국의 5배에 달한다고 한다. 자살에는 여러 가지 원인이 있다. 그 중에 심리 정서적 원인이 된 자살은 내면에 쌓아둔 부정적 감정이 많아, 극한 상황에서 그것이 자신을 공격하는 무기로 돌변해 일어난다. 그것을 미리 꺼내놓으면 덜 고통스럽고, 마음이 황폐해지지 않고, 자살할 이유도 없어진다. 도대체 내 마음을 있는 그대로 이해해주는 사람이 몇이나 될까?

영국은 인간관계의 질을 중요하게 여기는 대상관계 정신분석학이 발달한 나라다. 우중충한 안개의 나라이다 보니 심리학자들이 마음의 깊이에 더 많은 관심을 가져서 정신분석학이 발달했기도 했겠지만, 한편 한 개인의 내적 갈등은 의미 있는 인간관계를 통해서 치유될 수 있다는 신념도 있었을 거다.

속을 터놓고 이야기할 수 있는 친구 한 명이라도 있는 것이 그렇지 않은 친구 10명이 있는 것보다 낫다. 온라인 친구 1,000명보다 오프라인 친구 1명이 더 소중하다. 관계는 환상이 아니라 실제이기 때문이다.

인생은 성공과 실패로
구성된다

앞에서 인용한 보도대로 한국이 드디어 실패를 받아들이기 시작했다면, 덩달아 우정 지수도 올라갈 것이다. 실패를 부끄러움이 아니라 다양한 인생 경험 중 하나로 받아들일 수 있다면, 보다 유의미한 인간관계를 만들어갈 수 있을 것이다. 실패를 존재의 표현으로 본다면 인생관도 달라질 것이다. 치유가 되는 인간관계가 많아질 것이고, 한국은 더 이상 OECD 회원국 중에 자살률이 상위에 랭크되는 일은 없을 것이다.

퇴임을 앞두고 우울증이 와서 불면에 자살까지 생각하는 은행 지점장이 있었다. 밤낮 가리지 않으며 일했고, 실적을 위해서 자존심 따위는 일찌감치 버렸다. 어떤 때는 자신의 윤리적 수칙마저 무시했다. 은행 지점장의 업무가 얼마나 고되고 피를 말리는지는 아는 사람은 다 안다. 그렇게 열심히 살아왔는데 벌써 물러난다고 생각하니, 더 승진해야 하는데 못 하고 퇴출당하는 느낌이었다.

그분이 삶의 희망을 가질 수 있었던 이유는, 조금 더 승진했어야 했으나 억울하게 못 한 몇몇 퇴직 은행원들을 만나면서부터였다. 모임에서는 성공담과 실패담 모두가 인생의 소중한 경험임을 서로 인정했고, 지금까지 열심히 살아왔음을 서로 격려했다. 그들은 성공담보다는 실패담을 나누면서 친해졌고, 만난 지 얼마 안 되었지만 우정 같은 것을 느꼈다.

그는 한평생 살아온 은행원의 강박에서 벗어나기 시작했다. 앞으로 있을 실패에 대해서도 두려울 것이 없어졌다. 두려움은 사람의 몸과 마음에서 발생하는 가장 낮은 주파수라고 한다. 두려움을 떨친 것은 임원으로 승진하여 몇 년 더 근무하는 것보다 더 값진 소득이다.

'실패는 성공의 어머니'라는 말은 '한 번 실패를 했으면 다음에는 꼭 성공해야 한다'라는 부담감을 준다. 생존을 위한 개발 시대에는 그 말도 옳았으나, 지금은 아니다. 성공담과 실패담, 이 둘은 내 삶을 꾸미는 내러티브다.

살아있는 것은
다 살게 마련이다

살아있는 모든 것은 다 살게 마련이다. 그것도 삶을 예찬하면서. 또, 살아있는 모든 것은 죽게 마련이다. 죽음을 예찬하면서.

사람 안에는 스스로 살 힘이 있고, 그 힘으로 살 만한 환경을 얻게 마련이다. 프로이트는 이를 '생명 본능'과 '죽음 본능'이라 정의했다. 심리학자는 새로운 것을 발견하여 인류에 기여하는 것이 아니라, 이미 있던 것을 발굴하여 인류 사회를 이롭게 하는 연구자에 불과하다.

"다 살게 마련이야."

이 말은 시간과 공간을 초월한 진실이다. 전전긍긍하는 인생의 전환기에는 가야 할 길은 꿈으로도 보여준다.

삶에는
좋고 나쁜 것이 없다

나이 50이 넘어 꿈에 빛나는 다이아몬드를 보았다는 여성이 있었다. 너무나 생생해 잊히지가 않았다. 그 꿈만 생각하면 알 수 없는 힘이 생겼다. 그녀는 우연이라고 할 수 없는 어떤 힘에 이끌려 프랜차이즈 점포를 열었고, 그동안 묻어둔 역량을 마음껏 발휘해 많은 매출을 냈다. 매출이 문제가 아니라 할 일이 생겼다는 것이 더 큰 기쁨이었다. 이게 다 다이아몬드가 예언한 꿈의 결과라고 활짝 웃을 무렵에, 그 반대의 것이 왔다.

사업과 관련된 인간관계, 금전 문제, 신뢰 문제 등 온갖 유언비어가 반년 동안 그녀를 괴롭혔다. 일일이 나서서 해명할 수 있는 것이 아니었다. 그녀는 그 괴로움을 고스란히 혼자 받아야 했다. 돈도 사람도 다 싫어졌다. 사업을 접고 싶었다.

그러던 중에 다이아몬드 꿈의 2탄을 꾸었다. 이번에는 갈매기 두 마리가 나타났다. 첫 번째 갈매기는 날개를 접고 있는 상처 난 갈매기였다. 그녀는 측은지심으로 쳐다보았다. 꼭 자신 같았다. 두 번째 갈매기는 갈매기 조나단 리빙스턴처럼 하늘 높이 유유히 날았다. 그녀는 평화스럽고 자유롭게 갈매기를 쳐다보았다. 마치 자신이 그 갈매기가 된 기분이었다.

이 꿈은 그녀에게, 아니 모든 사람에게는 두 마리의 갈매기가 있다는 것을 보여준다. 전자가 죽음 본능이라면 후자는 삶의 본능이다. 삶에는 전진할 때와 후퇴할 때가 있다는 것을 보여준다. 힘든 일 안에는 좋은 일이 있고, 좋은 일 안에는 힘든 일도 있다. 이것이 인생이다. 인생이 본래 그렇다는 것을 인정하면 서로 다른 두 가지 사건이 낯설지 않다. 좋다 나쁘다, 구별하여 희비에 빠질 일이 없다. 단지 그런 일이 일어났을 뿐이고, 그 일은 나에게 어떤 식으로든 의미를 남기고 지나간다.

다이아몬드는 점포가 잘되어 돈을 버는 것을 뜻하고, 어려운 일을 만나 내적으로 성장하는 것도 의미한다. 상처 난 갈매기는 실패도 인생의 일부이니 겸손하라고 가르친다. 그녀는 사업이 잘되다가 반대의 일들이 일어나자 우울증이 올 정도로 고통스러운 나날을 보내면서 마음 공부를 깊이 했다고 했다. 그녀는 다시 하늘을 유유히 나는 갈매기 조나단 리빙스턴이 된 것이다.

　나에게 닥치는 외적 사건의 경중이 중요한 것이 아니라, 내가 그것을 어떻게 생각하느냐가 중요하다. '살아있는 것은 다 살게 마련이다' 하고 긍정적으로 받아들이는 자세는 늘 중요하다.

사람은 누구나
현재를 산다

사람들을 가장 가까이에서 만나는 나는 사람들이 힘들다고 말하는 대상을 분석해보았다. 결과는 단순했다. 내가 원하는 일이 일어나면 행복이고, 원하지 않는 일이 일어나면 불행이다. 이렇게 행복과 불행은 순환하니 인생이 고달픈 거다.

　프로이트는 여기에 대한 생각을 달리해준다. 사람은 행복을 원하기도 하고, 불행을 원하기도 한다는 것이다. 인생은 일방향으로 설명할 수 없는 모순된 원리를 가지고 있다. 행복을 원하는 나는 불행도 원하고, 불행을 원하는 나는 행복도 원한다! 이를 거부하거나 방어하려 하니 신경증에 걸린다는 것이다. 신경증은 수용할 수 없는 불안을 증상으로 타협한 것이다. 어떤 불안이든 수용하면 증상은 소거되고 신경증은 약화되어 일상에 영향을 받지 않는다.

살면서 우리가 겪어야 할 일들은 대기표를 들고 순차적으로 다가온다고 한다. 그래서 겸손이 중요하다. 자아가 할 일은 일어나는 일들을 억압하거나, 회피하거나, 좋고 나쁜 것으로 나누어서 취하거나 버리는 일이 아니다. 중세 신비주의자 루미는 "고난은 변장한 천사"라고 했다. 천사를 만난 사람은 뒤이어 올 악마도 맞이할 준비를 해야 한다. 천사와 악마를 따로 구분한 사람만 천사와 악마가 따로 있다. 《구약성경》〈욥기〉를 보면 욥은 사탄과 혈전을 치르고 나서 모든 상황이 이전보다 개선되었다. 욥에게 사탄은 과정만 힘들게 하는 천사였다.

대학 다닐 때 읽은 신학자 폴 틸리히Paul Tillich의 《영원한 지금》라는 설교집은 나의 꿈을 미래에서 현재로 옮겨주었다. 나는 '내일을 위해서 오늘을 희생하라'는 말이 싫었다. 그러면 평생을 희생해도 내일의 행복은 오지 않을 것 같았다. 나는 '꿈을 이룬 자'가 아니라 '꿈만 꾸는 자'가 될 것이다. 김흥호 선생님의 《하루를 사는 사람》이란 설교를 읽으며 '선각자는 오늘 하루가 내 인생의 전부인 것처럼 사는 사람들이구나' 하는 깨달음을 얻었다.

지금 이 순간에 있는 것이면 충분하다. 있는 것을 보지 못하니 먼 곳을 보고 자신을 부족한 사람으로 만든다. 사람은 누구나 현재를 살고 있다. 그가 지금 살 때 필요한 것은 지금 다 가지고 있다. 미래에 살 것을 걱정하니 사는 게 사는 것이 아니게 된다.

현재를 사는
세 가지 원리

생애 후반부가 되어 삶의 영역이 넓어질 무렵, 이 순간을 기다렸다는 듯이 많은 일이 순차적으로 다가온다. 골라서 받으면 좋겠지만 그럴 수 없음을 안다. 다가오는 일들은 각자의 의지가 반영된 것 같으면서도, 반영된 것만은 아니다. 사람들은 그 일에 끌려다니며 즐거워하거나 괴로워한다. 삶의 풍랑은 청춘의 환상이 아니라 매우 구체적인 것이다. 그 풍랑 속에서 현재를 사는 세 가지 원리를 제시해보겠다.

첫째, 좋았던 일들을 기억하라. 좋았던 일들은 정신 에너지를 비축시킨다. 그러나 좋은 일 자체가 나를 행복하게 해줄 것이라는 생각에서 벗어나야 한다. 무조건 좋게만 보려 하면 좋은 것에 중독되어 창조적 삶을 기대하기 힘들다. 나쁜 일도 좋게 보려고 애쓰는 것은 에너지 생산을 위해서 좋은 것이다. 그에너지를 어떻게 사용하느냐는 별개의 문제다.

둘째, 가던 길을 멈추고 자신의 내면을 들여다보라. 풍랑이거셀수록 항해는 중단되고 내부 단속을 해야 한다. '누가 나를이 괴로움에서 건져내어줄까?' 하는 독백은 무익하다. 그 '누구'는 당신이다. 불행은 그 일 자체에서 오는 것이 아니라 그 일에 대한 당신의 평가에서 온다. 자신을 불행과 동일시하지 말라. 불행은 삶을 다채롭고 역동적이게 한다. 당신은 불행으로부터 단단해질 것이고, 불행이란 단지 '불행하다고 느끼는 것뿐'임을 알게 될 것이다. 세상에서 가장 불행한 사람은 불행이없다고 믿는 사람이다.

셋째, 좋거나 나쁜 일에는 반드시 유효기간이 있다는 것을 명심하라. 풍랑이 지나면 바다는 다시 고요해진다. 인생의 고요함도 유효기간이 있는 법, 풍랑은 또다시 찾아온다. 인생은 일생에 걸쳐 이런 과정을 반복하는 것이다. 그러면서 단단해지고 풍랑을 타는 기술을 터득하게 될 것이다. 그때 비로소 세상을 사랑하는 지혜와 관조하는 여유도 생긴다. 풍랑이 없으면 지혜와 관조도 없다.

갈매기 조나단 리빙스턴을 기억하라. 다른 갈매기들은 죽은 물고기라도 한 마리 더 얻으려고 어선을 배회하고 있었다. 먹을 것이 목적이 되어버린 그들은 항상 배고프고 항상 먹이 사냥을 나서야 했다.

조나단은 하늘 높이 올랐다가 다시 급강하하는 비행기술을 배웠다. 비행기술은 갈매기로 사는 스릴과 희열을 주었다. 조나단에게는 항상 두 날개가 있고, 두 날개가 있는 한 그 기술은 언제 어디서나 사용할 수 있다. 조나단은 행복하고 싶을 때 행복할 수 있는 갈매기다. 조나단은 집단에서 거리를 두는 용기, 실패를 두려워하지 않는 용기, 자신의 날개에 대한 깊은 신뢰를 가졌다. 사람에게 두 날개는 물리적 제한 없이 마음껏 비행할 수 있는 생각의 힘이다.

이 순간 여기에 살고 있으니
얼마나 기쁜가

: 공허함과 괴로움에서 벗어나는 기술

다람쥐 쳇바퀴 돌리기,
그게 바로 인생이다

중학교 3학년 때 담임이었던 영어 선생님의 말씀이 아직도 귀에 쟁쟁하다. 학년이 시작되는 첫날에 선생님은 급훈이라며 칠판에 두 개의 영어 문장을 크게 쓰셨다.

"Do your best(최선을 다하라). Do your share(본분을 다하라)."

선생님은 이 구절이 경전의 금언이라도 되듯 매우 심각한 표정으로 화살을 쏘듯 우리에게 당겼다. 그래서 귀에 꽂혀 있다. 우리 중에 최선을 다하고, 본분을 다한 학생이 몇 명이나 되었을까?

최선과 본분을
다하는 법

가난에서 벗어나기 위해 새마을 운동이 한창이던 시절, 그 말
씀은 옳았다. 그러나 대부분의 학생들은 최선과 본분을 다하겠
다고 다짐만 할 뿐, 늘 못하는 사람으로 남아야 했다. 나이 50을
넘기고서야, 최선과 본분을 다하지 않았어도 최선과 본분을 다
한 삶이라고 자신을 어루만져줄 수 있었다. 최선과 본분의 기
준은 지극히 개인적이다.

그때 선생님께 묻고 싶었다.

"선생님은 최선과 본분을 다하십니까?"

나는 왜 그 좋은 말씀을 실천으로 옮기지 못하고 머릿속으로
만 빙빙 돌리고 있었을까. 몇 명을 제외하고는 대부분의 친구
들이 다 그랬다. 감동이 없어서다. 초등학교 3학년 담임 선생
님이 내게 주셨던 "아, 선생님은!" 하는 감동이 있었다면, 좋은
사람을 보면 이상화를 잘하던 나는 선생님을 존경했을 것이다.
한창 예민한 사춘기를 보내던 시절에 큰 힘이 되었을 것이다.
선생님의 말씀은 귀에 꽂히지 않고 가슴에 꽂혔을 것이다. 선
생님은 학생들을 좀 편애하는 편이었다. 당시 대부분의 선생님

들이 그랬던 것처럼. 편애를 받지 못한 다수의 학생들은 그것을 당연한 것으로 여겼다.

반면 사회 선생님은 달랐다. 그분은 어떤 좋은 말씀도 우리에게 하지 않으셨다. 단지 사회과목만 알기 쉽게 가르쳤다. 선생님의 수업은 단 5분도 자투리 시간이 없을 정도로 알찼다. 수업시간에 본인 스스로 최선과 본분을 다하셨으니, 우리는 딴짓을 못 했다. 그 진지한 수업에 한눈을 팔 수가 없었다. 선생님에게 학생은 그저 배우는 동등한 제자였다.

선생님은 매우 공평하셨고, 벌칙은 딱 하나였다. 수업시간에 딴짓하는 학생을 앞으로 나오게 하여 30센티미터 대나무 자로 손바닥을 세 대 때리셨다. 아프지도 않고 안 아프지도 않을 정도로. "네가 딴짓을 하면 다른 학생에게 방해가 된다"는 것이다. 후에 중학교 동창 모임에서, 사회 선생님의 수업은 매우 감동적이었다고 모두가 술회했다.

사회 선생님 역시 시대적 요청이 최선과 본분을 다하는 것임을 아셨다. 어떻게 하면 제자들에게 그 요청을 가르쳐줄 수 있을까? 선생님 스스로 수업시간에 최선과 본분을 다하시기로 다짐하셨던 것 같다.

지금 사회 선생님이 가르치신 것은 기억나지 않는다. 다만 수업시간에 진지하고 성실했던 태도는 아직도 눈앞에 선하다. 영어 선생님이 시대를 살아가는 금령을 우리 머리에 심어주셨다면, 사회 선생님은 그 말씀을 가슴으로 내리게 해주셨다.

《탈무드》에는 "지혜로운 사람은 모든 사람에게서 배울 것을 배운다"고 했다. 두 분은 나의 소중한 은사님이다.

나이 50이 되면서 최선과 본분은 객관적 평가 자료가 있는 것이 아니라, 자기가 자기 삶을 평가하는 기준임을 알았다. 1등은 최선을 다했고, 꼴등은 최선을 다하지 않은 것이 아니다. 1등은 공부에 최선을 다했고, 꼴등은 다른 일에 최선을 다했다. 결과를 받아들이면 최선을 다한 것이고, 결과를 받아들이지 못하면 최선을 다하지 않은 것이다. 책임을 지면 본분을 다한 것이고, 책임을 지지 않으면 본분을 다하지 않은 것이다.

속하면서 속하지 않아야 한다

이제 우리는 최선과 본분에 대한 개념을 정리해야 한다. 그동안 게을리 살아왔다면 '게으름의 미학'을 정리해서 자신의 인격으로 삼아야 한다. 이렇게 사는 인생도 있다는 것을 주변인에게 당당히 보여줄 수 있어야 한다. 그도 누군가와 삶을 공유할 것이고, 누구에게는 반면교사가 될 것이다. 열심히 살아온 사람은 '열심의 미학'을 정리해서 자기 인격으로 삼아야 한다. 그도 자신의 삶을 다른 사람과 공유할 것이다. 최선과 본분은 과거 노력의 양이 아니라, 지금 이 순간 자신에 대한 평가다.

호수에 돌멩이를 던지면 눈에 보이지 않는 것까지 포함해서, 헤아릴 수 없이 많은 물방울이 순간적으로 공중에 튄다. 물방울 하나하나가 각자의 기준을 가진 각자의 인생이다. 그리고 찰나가 지나면 모두는 호수에 떨어져 하나가 된다. 인생은 하나의 물방울이다. 어느 하나도 같은 모양이 없고, 반드시 다시 호수로 떨어져 하나로 합쳐진다.

칼 융Carl Jung은 "모든 사람은 각자의 삶을 살지만 하나Self를 향해 간다"라고 했다. 그의 제자 폰 프란츠Von Franz는 "모든 민담은 하나Self를 향해 가는 이야기"라고 했다. 우리는 민담에 등장하는 주인공이다. 하나의 긴 이야기를 쓴 후에 다시 호수에 떨어져 하나가 된다.

인생을 평가하는 절대적인 기준이 있다면, 그것은 히틀러의 폭력보다 더 폭력적이다. 물론 히틀러도 호수 밖으로 튀어나왔다가 다시 호수로 들어간 하나의 물방울이다. 아동기에 상처가 많았던 그의 행동은 그 일로 이미 심판을 받았다.

진정한 최선과 본분은 '자신의 삶을 존중하는 것'이어야 한다. 그러려면 자기 방식의 삶이 있어야 한다. 생애 전반기는 주로 집단의 요구에 맞추어 살아야 한다. 그때는 자기 정체성을 잃지 않는 선에서 거기에 충실할 수 있다. 생애 후반기는 집단 안에 있으면서도 집단의 요구와 거리를 두는 기술을 습득해야 한다. 이때 목표는 자신에 대해 더 잘 알아내는 것이고, 목적은 태도를 바꾸는 것이다. 이제껏 관성에 따라 살아온 삶의 방식을 버리고, 진정한 나, 나만을 위한 삶의 태도를 구축하는 것이다. 필요한 것은 용기이고, 삶에 대한 깊은 신뢰와 사랑이다.

EBS의 캐릭터 '펭수'의 인기가 대단하다. 펭수는 거인 펭귄 인형 안에 키 큰 어떤 남자가 들어간 캐릭터다. 내 세미나에 참석하신 분들에게 펭수에 대한 느낌을 한 문장으로 물은 적이 있다.

'재미있다, 편안해진다, 치유된다, 엉뚱해서 좋다, 어눌해보

여서 좋다, 창의적이다, 나도 저렇게 살고 싶다……'

펭수의 대화를 분석해보면 어눌하고 엉뚱해보이지만 창조적이다. 나도 그렇게 하고 싶으나 못하는 것을 펭수는 한다. 대리만족이 있다. 펭수는 그가 방문한 집단을 존중하면서도 그곳을 뛰어넘는 개체성을 가지고 있다. 펭수는 지금 이 순간에 충실하면서도 자신을 희생하지 않는다.

늘 산만하게 사는 것 같은 펭수에게 물었다.

"펭수는 새해 소원이 뭐니?"

"소원? 나 그런 거 없어. 그냥 하는 거야."

펭수의 스케줄이 꽉 찬 것을 보고 물었다.

"펭수는 언제 휴가 가니?"

"휴가? 지금이 휴가야."

펭수는 방어기제를 사용하지 않은 무의식의 언어를 직관적으로 내놓음으로, 무의식에 억압한 것을 쌓아놓은 우리의 속을 시원하게 해준다. 펭수의 빈틈, 그 틈이 펭수를 펭수답게 하고, 펭수의 팬을 만나는 공간이다. 펭수의 최선과 본분은 그 틈 사이에 있다.

한 사람의 삶에 대한 평가는 그가 얼마나 자신만의 최선과 본분을 다 했느냐에 달려 있다. 객관적이고 절대적인 기준은 없다. 포커페이스 펭수처럼 집단을 존중하면서도 타인으로부터 자유로워지는 기술과 용기가 필요하다.

세상 사는 게
왜 이리 복잡한가

어린 시절에 남한산성 성벽을 보고 '어떻게 그 시절에 저런 건축이 가능했을까' 하고 궁금했던 적이 있다. 중국의 만리장성이나 유럽의 장엄한 성벽은 말할 것도 없고, 이집트의 피라미드는 외계인이 와서 지은 것 같다.

그러다가 우연히 거미가 줄을 치는 모습을 보았다. 거미줄은 복잡하다. 거미가 줄 치는 모습을 잘 살펴보면 복잡한 것이 만들어지는 과정을 알 수 있다. 사람이 만든 모든 복잡한 것의 비밀은 거미가 줄을 치는 것에 다 담겨 있다. 미시 세계에는 거시 세계가 있다는 현대의 물리학적 통찰은 거미줄에도 있다.

복잡하게 보니까
복잡한 거다

거미가 줄을 치는 모습은 의외로 단순하다. 거미는 먼저 줄을 뽑아 공중에 매달려 있다가 바람이 불어 닿는 곳에 줄을 고정한다. 같은 방식으로 자전거 바퀴살 모양으로 큰 얼개를 만든다. 그리고 공간을 최적화하는 방식인 방사형으로, 중심을 향해 돌면서 줄을 친다. 그렇게 30분 정도 하면 놀라운 건축물이 완성된다. 아마도 거미의 유전인자에 들어 있는 것이 투사되었을 것이다. 모든 복잡한 것은 단순하게 돌고 돌면서 만들어졌다.

인생도 돌고 도는 단순한 원리만 있다. 복잡한 것은 복잡하게 봐서 복잡한 것이다. 복잡하게 보면 정말 모든 것이 다 복잡해진다. 거미줄은 복잡해보이지만 원리는 매우 단순하다. 인생도 복잡해보일 뿐 매우 단순한 순환의 원리를 가지고 있다. 동양은 처음과 나중이 없는 순환의 역사관을 가지고 있다. 직선의 역사관을 가진 서구의 학문이 신학문으로 우리에게 소개되었고, 직선을 달리는 우리는 갈수록 본래의 자리와 멀어지면서 피곤하고 복잡하게 꼬여간다.

관광객이 많이 찾아오는 인도의 한 유적지에 적선을 구하는 걸인이 있다고 하자. 한 관광객이 달러 한 장을 걸인의 손 위에 얹어주었다. 그는 가난한 사람에게 자선을 베푼 것이다. 직선의 역사에서는 자선을 행하는 자와 받는 자의 구별이 명확하다. 순환의 역사에서는 걸인이 그 관광객에게 자선을 베풀 기회를 주었다는 해석이 가능하다. 걸인은 1달러로 그날 하루를 행복하게 살았다. 그러나 그 관광객은 수백만 달러짜리 사업 계약에 대한 걱정 근심이 있었고, 그날 밤 호텔에서 잠을 이루지 못했다. 거지 안에는 부자가 있고, 부자 안에는 걸인이 있다.

중요한 것은 자의식이다. 직선의 역사관에서 세상이 불공평한 것은 당연하다. 앞과 뒤가 명확해야 하니까. 우리에게 매우 익숙한 서구식 사고가 복잡한 인생의 문제를 만들었다. 분석심리학은 '존재하는 모든 것은 서로 다른 대극으로 이루어졌다'는 관점을 가짐으로써, 심리치료학을 넘어 인생 철학으로 자리매김했다.

서로 다른 대극이 짝을 이루어 하나를 만들어간다고 생각하면 인생에 복잡할 것은 하나도 없다. 걸인 안에는 부자가 있고, 부자 안에는 걸인이 있다. 또한 부자와 걸인은 하나를 향해 나

아감으로써 더 큰 작품을 함께 만들어간다. 배역이 다를 뿐, 무대에서 내려온 배우들은 모두가 자연인이다.

작은 판잣집 단칸방에 다섯 식구가 모여 살아야 했던 후배가 있었다. 그는 머리가 좋았고 잔꾀도 많았으나 가난 때문에 대학을 포기하고 상업고등학교로 진학했다. 그 후 20여 년 후에 들은 이야기다. 당시로서는 상업고교 출신으로 어렵지 않게 들어갈 수 있는 증권회사에 그는 입사했고, 거기서 끼를 발휘하여 주식에 눈을 떠서 부자가 되었다. 반면 순박한 그의 동생은 너무 일찍 회사에서 정리해고 당해 대리운전을 한다. 형은 성공했고 동생은 실패했다는 것이다. 성공과 실패의 기준이 돈이라면 세간의 평은 맞다.

만일 두 형제의 사생활과 내면의 상태를 24시간 밀착해서 엑스레이로 찍는 일이 가능하다면 어떨까? 형 안에 실패한 동생이 있고 동생 안에 성공한 형이 있을 것이다. 그리고 두 사람의 인생이 하나가 되어 더 큰 작품을 만든다는 통찰을 얻을 것이다. 세상은 늘 이랬다. 불공평한 것이 아니라 순환하고 있는 것이다. 복잡한 것이 아니라 시공간을 초월한 어떤 힘에 의하여 단순히 반복되고 있는 것이다.

지금 하는 일에 집중하면
모든 일이 단순해진다

나는 지난 20여 년 간 내담자와 무의식적 소통을 하는 정신분석 상담을 해왔다. 내담자들이 힘들고 복잡한 문제라고 털어놓은 문제들, 풀고 나면 의외로 단순했다. 과거의 경험이 현재를 속이고 있었던 것이다. 이 속임수에서 빠져나오면 마음에서 일어나는 일은 의외로 간단하다.

"아, 그랬구나."

이런 내적 통찰이 쌓여 존재는 가벼워지고, 선택하고 결정하는 일이 쉬워진다. 심리학적으로 말하면 무의식과 의식에 연결고리가 생겼고, 작동이 잘 되고 있는 것이다. 연결고리가 원활할수록 삶은 단순해지고 지금 이 순간에 충실해지기 쉽다.

성현들은 의식과 무의식 사이에 넓은 통로를 구축하여 복잡한 것 없이 단순해진 사람이다. 그들은 항상 지금 하고 있는 것에 집중한다. 길을 걸을 때는 걷는 일에, 밥을 먹을 때는 밥을 먹는 일에, 제자들을 가르칠 때는 가르치는 일에, 잠을 잘 때는 자는 일에 집중한다. 불면은 지금 하고 있는 일에 집중하지 못하여 생긴 습관이다. 현재를 사는 사람에게는 '복잡'이라는 개념 자체가 없다. 현재가 시작이고 끝이다. 과거와 미래는 머릿속에 복잡한 짓거리에 불과하다. 복잡할수록 단순하게 생각하라.

만일 거미가 거미줄의 전체 조감도를 보고 줄을 쳐야 한다면, 거미는 그 복잡한 세계를 풀어내다가 지쳐버릴 것이다. 조감도에 맞추다가 오히려 삐뚤삐뚤한 거미줄이 나올 것이다. 인생도 조감도가 따로 있는 것이 아니다. 지금 이 순간을 살다보면 조감도는 만들어진다. 다람쥐 쳇바퀴 돌리는 일을 한다고 지루해하지도 원망하지도 말라. 인생은 그거 하는 거고, 그거 하다보면 자기의 중심에 가까워진다.

인생에 복잡한 일은 없다. 다만 복잡하게 생각하는 사람만 있을 뿐이다. 정신분석 이론에 의하면 어린 시절에 좋은 대상 경험이 부재하면 생각이 많은 사람이 된다. 그는 단순한 문제도 복잡하게 만드는 귀재다. 좋은 경험을 생산하라. 좋은 경험은 사랑을 주고받는 경험이고, 그런 경험은 단순하게 만든다. 사랑에 실패한 사람은 짝사랑하느라 복잡해지고, 둘이 서로 사랑하는 사람은 단순해지는 것과 같다.

거미는 제 몸에서 나오는 거미줄을 신뢰하고 사랑하기에 온 힘을 기울여 줄을 친다. 자기 또는 타인을 신뢰하고 사랑하는 사람일수록 인생의 복잡한 문제를 단순하게 만들 수 있다.

세상은 정말
노력한 만큼 얻는 곳일까

내 심리클리닉에 찾아오는 사람들 중에 세상은 노력한 만큼 얻는 공평한 곳이 아니라고 분노하는 분들이 있다. 나도 속으로 분노한다. 또한 세상은 노력하지 않아도 얻을 것이 많다고 타고난 환경을 자랑하는 사람도 만난다. 나도 함께 기뻐할 수 있다. 상담이 끝나면 까맣게 잊는다.

어느 것이 옳으냐고 묻는다면 둘 다 옳다고 말할 수 있다. 세상은 모순덩어리다. 세상이 원래 모순덩어리인 것을 이제 알았다고 분노하는 사람은 정의로운 사람이 아니라, 이제야 철이

든 사람이다. 무엇을 기준으로 모순을 판단하느냐 하는 문제가 남는다. 그는 그 기준으로 인생을 본다. 기준이 곧 그다.

　사람은 살아온 발자취대로 자신을 만들어간다. 지금까지 앞만 보고 달려온 사람은 '앞'이 곧 그다. 생의 어느 순간에는 '앞'만이 가진 공허를 만난다. 앞만이 인생의 전부인가? '옆과 뒤'가 보인다. 세상은 늘 노력한 만큼 보상을 얻을 수 있는 곳이 아님을 알게 된다. 인생의 기준이 달라진다. 철이 들기 시작한다.

기준이 달라야
공정한 것이다

공짜로 얻는 가장 대표적인 것이 부모의 유산이다. 두 분이 다 돌아가셨다면 유산 분배의 결정권은 법원에 있다. 부모가 유산을 나눠주는 경우, 대개 공정치 않다. 장남우선주의나 몰아주기가 아직도 많다. 부모의 사랑도 공정하지 않은 거다.

　'돈'은 에너지의 물리적 집약이다. 돈을 쓰는 곳에 사람도 있다. 도인이 아닌 한, 부모 유산에 마음이 안 갈 수 없다. 사랑에 차등이 있는 것은 부모의 자유이고, 유산을 부모가 알아서 분배하는 것도 부모의 권리다. 부모의 사랑이 공정치 않다는 것을 알고 나면, 부모에 대한 환상도 깨진다. 부모에 대한 환상이 깨져야 자기 인생을 살 수 있다. 그 시작이 사춘기여야 한다.

금고에 많은 현금을 가진 부동산 부자가 있었다. 아버지는 장남을 중심으로 유산 분배를 준비했다. 이를 알게 된 딸들이 몰려와 아버지 정신이 혼미한 틈을 타 금고 비밀번호를 알아냈다. 금고에는 상당한 금괴와 현금이 있었는데, 딸들은 이를 가로채갔다. 딸들 몫으로 많은 것은 아니었지만, 그것 때문에 남매들은 뿔뿔이 흩어져 남남이 되었다. 장남 입장에서는 내 것을 가져간 것이고, 딸들은 내 것조차 챙기지 못한 것이다.

이런 가족 분란은 늘 생기게 마련이다. 피는 물보다 진하지만, 진한 것의 환상이 깨지면 돌이킬 수 없는 강을 건너게 된다. '돈'은 잠재적 공평과 사랑을 산산조각내기에 충분한 에너지를 가졌다. '가족끼리'의 환상이 깨져야 자기로의 여행이 촉진된다.

'공정'의 객관적 기준은 없다. 같은 법이라도 대상에 따라 다르게 적용된다. 지금 선진국가로 진입하는 과도기에 선 대한민국 사법계가 이를 증명한다. 각자의 정치적 입장에 따라 판단 기준은 매우 주관적이다. 같은 현상을 보고도 어쩌면 그렇게 해석이 다른지, 타고나는 것 같다.

정치 성향은 각자가 이루지 못한 욕망의 투사로 정해진다. 욕망이 다르면 상대는 적으로 보인다. 인간의 성정은 타고나고, 성정은 인생다반사의 판단 기준이 된다. 변하지 않는다. 변하는 척 할 수는 있다.

각자의 기준은 곧 그다. 기준이 곧 그인데, 바뀌어서도 안 된다. 그 위에 각자 집을 짓는다. 모든 사람은 저마다 주관적 기준을 가지고 자기 인생을 짓고 있다. 그가 내게 올 것이란 기대를 하지 말고, 그가 집 짓는 데 간섭도 하지 말라. 그래야 사람 때문에 상처받는 일이 없어진다. 그냥 자기 갈 길을 가다보면, 그 길에서 영혼의 벗을 만난다.

노력의 대가와 보상의 기준은
자기가 정한다

당시로서는 드물게 미국에서 경영학 석사를 마치고 귀국해서 좋은 직장을 잡은 분이 있었다. 그는 직장생활이 잘 안 풀렸다. 실력은 있으나 진급 운이 따르지 않았다. 진급 타이밍을 놓쳐 이직을 몇 번 하다보니, 나이 50 중반에 직장을 잃었다. '인사이 더'로 주목받던 그가 '아웃사이더'가 되고 말았다. 하루아침에, 그리고 서서히 일어난 일이다. 실은 그가 스스로 만든 결과다.

아웃사이더가 되었다는 것은 사람들의 생각이었다. 그는 남는 시간을 활용하여 영성 관련 서적을 많이 읽음으로 창조적 삶을 이어갔다. 그는 실패한 것이 아니라 그저 자기 인생을 살고 있을 뿐이다. 정형화된 집단의식으로 사람을 평가하는 것은 곧 타살이다.

인생의 낮은 수면에는 합리적 인과관계가 있으나, 깊이 들어갈수록 비합리적인 인과관계가 지배한다. 그동안 보상이었던 것이 보상이 아닌 것이 되고, 보상이 아니었던 것은 보상이 된다. 성공과 실패는 순환한다. 인생에는 악을 행하는 천사가 있고, 선을 행하는 악마도 있다. 인생 막다른 골목에서 자기가 옳다고 여기는 기준을 행하는 것, 그것이 곧 천명이고 양보할 수 없는 '나'다. 시행착오와 뼈아픈 후회도 있겠지만, 그래도 거기서 교훈을 얻어 앞으로 가는 것이 천명이다.

인생에서 노력한 만큼 얻을 수 있을까? 누구나 자기가 옳다고 여기는 바를 행하면, 그만큼 얻는다. 기준을 계량에 둔다거나 타자의 가치 판단에 둔다면, 노력은 인간 소외 현상을 촉진한다.

문명의 이기가 인간 소외 현상을 촉진하는 것과 같다.

남보다 더 많은 시간을 공부했다고 항상 좋은 성적을 받는 것은 아니지만, 공부 자체가 그에게 준 다른 보상이 있다. 반면 성적을 보상으로 얻은 사람은 다른 보상을 얻지 못한다. 직장에서 성실하게 일했다고 항상 승진하는 것은 아니지만, 성실 자체가 그에게 주는 다른 보상이 있다. 반면 승진을 보상으로 받은 사람은 다른 보상은 없다. 인생은 늘 이런 식으로 자기를 만들어간다.

지금 이 순간에 자기가 만족하는 것, 그것이 최고의 보상이다. 지극한 명상 중에는 과거와 미래가 없어지고 현재만 충만해진다. 그 짧은 시간, 그는 우주를 얻는다. 아니, 우주의 일부가 된다. 명상의 목적은 지금 여기를 사는 연습이지 명상 자체는 아니다.

흙으로 돌아가는
연습을 하라

인간human과 겸손humility은 라틴어 '흙humus'에 어원을 두고 있다. 인류사에 영향을 끼친 고등 종교는 사람이, 사람이 되거나 신과 같이 되는 과정을 흙에 두고 있다. 그가 온 곳, 즉 흙이 될 수 있다면 그는 온 세상을 얻게 된다는 것이다. 흙이 되는 일, 즉 겸손이 어려운 이유는, 겸손은 평생을 배워도 다 배우지 못하고 늘 새로운 과제를 앞으로 내밀기 때문이다. 흙은 또한 모성을 상징하는 것으로 더 이상 낮아질 수 없으면서 모든 것을 수용하는 상태를 말한다.

고대의 철학자 아우구스티누스는 "기독교의 첫째 덕목은 겸손, 둘째 덕목도 겸손, 셋째 덕목도 겸손"이라 했다. 불교의 최고 덕목인 자비도 흙으로 낮아지는 겸손이 없이는 실천이 불가능하다. 원효대사는 그 유명한 '해골물 마신 사건'으로 모든 것은 마음에 달려 있다는 깨달음을 얻었다. 그는 당나라 유학을 포기하고 염병이 도는 마을로 내려가 봉사했다고 한다. 흙이 되는 겸손으로 자비를 실천한 것이다. 사람의 몸이 한 줌의 흙으로 돌아가는 것은 정한 이치다. 마음도 몸처럼 흙이 되어야 사람의 본분을 실천할 수 있다.

꼰대는 어떻게
탄생하는가

평균 수명을 90세로 볼 때, 절반인 45세는 삶의 변곡점이다. 변곡점에 다다르면 몸이 약해지거나 병이 온다. 몸은 서서히 본래 온 곳, 흙으로 돌아갈 준비를 한다. 몸에 거주하는 마음도 이전에 없었던 낯선 감정을 만나는데, 그것은 우울과 무력이다. 하여 나이 50에는 건강과 우울증을 조심하라고 한다. 그러나 변곡점은 위기처럼 찾아오는 성장의 기회다.

그 나이에 운동을 새로 시작하거나 취미생활을 찾는 사람이 많은 것은 우연이 아니다. 등산은 심신의 우울과 무력에서 벗어나게 하는 좋은 운동이다. 나이 50의 변곡점에서 포물선은 땅을 향해 내려오기 시작한다. 마음도 여기에 맞추어 흙으로 돌아갈 준비를 해야 한다.

2019년 12월에 중국 우한에서 발생한 코로나19 바이러스로, 지금 대한민국을 비롯한 전 세계는 총체적 난국이 되었다. 코로나 바이러스는 박쥐에서 발생한 바이러스와 상동성이 89.1퍼센트라고 한다. 박쥐 요리가 코로나19의 직접적 원인이라고 단정할 수는 없지만, 중국에서 박쥐 요리는 신분을 과시하는 보양식이라고 한다. 보양식은 몸의 변화를 역리하는 것이고, 야생동물 요리는 사람의 먹잇감을 역리하는 것이다. 순리는 자연스러운 흐름을 가지고 있어서 분별하기가 어렵지 않다.

변화와 성장의 변곡점마다 무엇이 순리인지 세심하게 주의를 기울이고 따를 용기가 필요하다. 자기 경험과 자기 지식은 순리를 역행하기도 한다. 꼰대는 생의 후반부에 따라오는 가장 대표적인 역리 현상이다.

젊은 사람이 당신의 피교육자로 보인다면, 당신은 꼰대가 되어가고 있는 것이다. 남의 이야기는 귀에 들어오지 않으면서 할 말만 많아진다면 꼰대가 된 것이다. 비록 당신 말이 맞다고 해도 그 말에 귀를 기울이는 사람이 없으면 입을 닫아야 한다. 내 말이 맞다고 하여 상대의 말이 틀린 것은 아니기 때문이다. 생의 후반에는 겸손이 순리다. 그래야 뒤에 오는 이들에게 길을 내줄 수 있다. 꼰대들의 많은 지식과 경험은 겸손의 배를 타야만 다른 사람을 따르게 하는 지혜가 된다.

　서로 다른 성향을 가지신 친조부모와 외조부모를 둔 손주가 있었다. 친조부모는 손주에게 잔소리하는 것을 의무로 생각했고, 외조부모는 손주에게 잔소리하지 않는 것을 의무로 생각했다. 친조부모는 점점 더 말이 많아졌고 초조하고 고집스러워졌다. 손주의 서당 훈장이 되어 추하게 늙어갔고, 결과적으로 자신을 사랑하지 못하고 불평만 많은 고집쟁이 노인으로 변해갔다. 외조부모는 말해주기보다는 보여주려 했고, 점점 더 여유 있고 평화스러워졌다. 손주와는 친구 사이가 되었고 아름답게 늙어갔다. 결과적으로 자신을 사랑하는 사람이 되었다. 귀감은 말이 아닌 삶이다.

삶의 원리는
겸손이다

인생의 오랜 경험자들에게는 지혜가 있지만, 그 지혜는 말로하는 것이 아니라 보여주는 것이다. 꼰대는 삶이 아닌, 자신의 말에 귀감을 삼으라고 한다. "나 때는 말이야"는 삶의 무대에서 물러나는 것에 보상을 받으려는 것이다. "나 아직 살아있어"라고 존재감을 과시하는 것이다. 실은 서서히 땅으로 내려오고 있다. 사람이 땅으로 내려와 흙처럼 되어 겸손해지는 것이 삶의 원리다. 아쉬워하지 말고, 젊게 살려는 어색한 행동도 삼가고, 기뻐하라. 이 원리에 역행하지 말라.

현존하는 신학자 중에 신학계를 넘어서까지 큰 영향을 미친 사람을 꼽으라면 독일의 신학자 위르겐 몰트만Jürgen Moltmann을 들 수 있다. 그가 각별히 주목을 받는 이유는 그의 신학이 말이 아닌 실존적 체험에 바탕을 두었기 때문이다. 그의 이론은 지성을 넘어 영성에까지 이른다. 또한 자신의 제자를 동료로 대했고, 제자인 동료가 연구실을 찾아오면 직접 물을 끓여 커피를 타 주었다고 한다. 당시 세계적인 신학자로서는 매우 드문 겸손함을 보였다.

그는 2차 세계대전에 참전하여 바로 옆 동료가 폭탄을 맞고 죽는 모습을 보았다. 그는 삶과 죽음의 벼랑길에서 살아남았고 동료는 죽었다. 삶과 죽음은 별개의 것이 아니었다. 그에게 삶은 십자가에 달려 죽는 것이다. 그에게 하나님은 그의 대표 저서 제목처럼《십자가에 달리신 하나님》이다. 하나님이 십자가에 달려 죽고 흙이 되셨으니, 그분을 연구하는 신학자는 겸손해야 함이 마땅하다. 몰트만은 겸손한 신학자로 알려졌다.

몸이 흙으로 돌아갈 준비를 하는 시기에는 마음도 흙이 되는 연습을 하자. 흙은 말없이 모든 것을 있는 그대로 받쳐주고 흙으로 하나 되게 한다. 흙은 몸이 돌아갈 곳이다. 마음도 그러해야 한다.

삶은 무도회,
춤을 추며 살아라

심리치료가 필요하다며 딸이 아버지를 모시고 왔다. 당시 그녀의 아버지는 60대 중반이었다. 아버지는 상담실에 오셔서 같은 말을 반복했다.

"어제 지하에 있는 무도회에 갔었다. 감미롭고 흥겨운 음악에 맞추어 모두가 쌍쌍이 춤을 추고 있었다. 내 커플은 다른 어느 커플보다도 유연하게 춤을 췄고, 모두들 우리를 부러운 시선으로 바라봤다."

딸은 엄마가 일찍 돌아가셔서 말동무가 없어서 아버지가 저렇다며, 증상이 악화되기 전에 그동안 억누르고 못다 한 말이라도 실컷 하시라고 나에게 모시고 온 것이다.

그분은 일주일에 두 번, 오실 때마다 밝은 표정으로 같은 말을 되풀이했다. 정신분열 초기 증상을 보였으나, 환상에 사로잡혀 있는 동안 그분은 너무나 행복해보였다. 그리고 다시 제정신으로 돌아오면 무거운 현실과 맞닥뜨려야 했다.

죽지 않고 살려고 해서
생기는 병

상담 회기가 길어지면서, 그분의 환상은 사실은 아닐지라도 어떤 진실을 품고 있음을 알 수 있었다.

환상 속에 존재하는 그분의 커플은 관계가 아주 좋았던 시절의 그의 아내를 뜻했다. 감미로운 음악은 수도자 기질을 가진 그분이 오랫동안 동경해왔으나, 삶에 찌들어 귀 기울이지 못한 내면의 소리였다. 한 여성과 손을 잡고 신나는 곡에 맞추어 춤을 추는 것은 원하는 것을 얻었을 때의 기쁨을 최고로 표현한 것이다. 그 절정은 한 인간이 신성과 연결되었을 때 느끼는 오르가슴과 같은 것이다. 무도회장이 지하에 있다는 것은 그 일들은 무의식에서 일어났음을 말해준다.

그의 자아는 무의식에 동화되어 이 일을 마치 실제로 경험한 듯 느꼈다. 거기에 머물러 있는 한 그는 천국에 있다. 아, 그러나 눈을 뜨고 자신의 삶으로 돌아와야 한다.

딸의 말에 의하면 아버님은 어려운 가정에서 태어나 배운 바는 없지만, 누구보다 자기 삶에 충실했다. 50 후반에 아내를 잃고, 지병이 생기고, 특별한 애착을 가졌던 작은 딸마저 혼기가 다가오자 실언이 시작되었다고 한다.

딸이 생각하기에, 아버지는 혼자 남을 것이 두려웠다. 딸의 도움을 계속 받고 싶어 정신병적 증상을 만들어 딸을 곁에 두고 싶었던 것이다. 딸의 말도 일리는 있다.

아버지는 병원에 안 가시려 해서 그렇지, 가셨다면 정신병으로 진단되어 약물 처방을 받았거나 입원하셨을 거다. 정신병은 죽지 않고 살려고 해서 생긴다. 증상 하나만 놓고 보면, 그분은 이상심리의 범주 안에 있다. 한편 심층심리학적 관점에서 정신병은 전체의 관점에서 중요한 의미를 가지고 있다. 종말의 순간이 임박하자 그의 무의식은 그를 정신병적 환상으로 데리고 가서 달래고 있는 것이다.

"너는 잘 살았어. 수도자 같이 살아왔어. 종종 외롭고 우울했기에 삶에 신명도 났던 거야. 이제 너의 짝, 즉 너의 여신과 함께 춤을 춰야 할 시간이 다가온 거야."

정상과
다른 차원의 삶

민담에서 해피엔딩은 댄스파티다. 쌍쌍 춤은 '한 회기의 긴 인생을 너답게 잘 살아왔다'고, '너의 꽃이 만개했다'고, 삶의 수고를 위로하는 상징이다. 집단무의식은 사람이 공동체 안에서 경험할 수 있는 최고의 즐거움을 댄스파티의 주인공이 되는 오르가슴으로 투사했다. 음악에 맞추어 춤을 추는 순간에는 음악이 나고 춤도 나다. 세상 근심과 걱정은 다 과거의 것이다. 그분의 무의식은 긴 세월 잘 살아왔다고 그분의 수고를 동화의 마지막 장면으로 위로하고 있었던 것이다.

만일 그분이 정신병에 걸리지 않았다면 그런 무의식의 소리를 듣고도, 그 소리에 자아를 동일시하지 않고, 다시 의식으로 돌아와 남은 삶을 만들어갔을 것이다. 그의 자아는 다시 삶을 만들어가는 것을 포기했다. 영원한 쉼으로 돌아가는 예행 연습으로 들어갔다.

나는 정신병을 이렇게 보기 원한다. 그들은 정상보다 열등하거나 비정상이 아니라, 정상과는 다른 차원의 삶을 눈앞에서 보고 듣는 것이다. 칼 융은 "정신병 환자들의 말을 잘 들어보면 그들이 삶의 깊은 차원에 있는 것을 들려준다"라고 했다. 나는 그분의 무도회 이야기에서 나의 무도회를 만나며 즐거운 대화를 나눌 수 있었다.

가족 입장에서 보면 애석한 일이다. 건강한 사람의 입장에서는 정신병에 걸린 사람은 삶의 질이 떨어진다고 생각한다.

사람의 정신세계에는 심리학과 정신의학으로도 설명할 수 없는 영역이 있다. 이 사실을 받아들여야 한다. 어떤 이에게 이해할 수 없는 일이 일어났다면, 그 자체를 존중해야 한다. 우리에게 타인의 삶을 평가할 권한은 없다.

그분은 나와 20개월을 만나고, 요양병원으로 모셔졌다. 면회를 갔는데, 나를 알아보지 못했다.

삶은
매순간 무도회

그분은 무도회 이야기를 하다가 흥이 나면 소파에서 일어나 춤을 추는 몸짓을 하곤 했다. "지금 음악 소리가 나를 일어나게 했다"는 것이다. 그분은 환청을 들은 것이 아니라 내가 못 듣는 소리를 들은 것이다. 내 귀는 시공의 소리에 제한되어 있었으나, 그의 귀는 시공을 초월한 소리를 들었다. 그분은, 삶은 매순간 무도회여야 한다는 것과, 그 무도회의 주인공은 반대의 성으로 나타나는 신성과 연결된 '나'라는 것과, 무도회의 음악은 들을 귀를 가진 사람만 들을 수 있다는 교훈을 주셨다.

그분은 나와 자신의 가족에게 귀한 유언을 남겼다.

"삶은 무도회, 무도회의 주인공은 나, 춤을 추며 살아라."

지금 여기를
살지 못하는 사람들

몇 년 전의 일이다. 미국 명문대학에서 박사 학위를 받은 분의
특강을 들을 일이 있었다. 그는 그날 주제에 대하여 열심히 연
구했고, 강사로서 예의를 갖추며 성실히 강의에 임했다. 나는
가끔 딴생각을 했으나 대체로 그의 강의에 집중할 수 있었다.

강의가 끝나자 좋은 강의 잘 들었다며 가벼운 인사말을 건넸
다. 그게 전부다. 나는 그의 강의에 대해 더 생각하지 않았다.
내 생각거리도 많은데, 전공 분야가 다른 남의 강의를 머릿속
에 두고 곱씹는 사람은 거의 없을 것이다. 인간은 자기 안에 있

는 에너지를 사용하여 삶을 만들어간다. 그 에너지의 원천은 '자기애'다. 자기애에서 자존감도 나온다.

매우 성실하나
현재를 살지 못한다면

그날 저녁 식사는 강사가 좋아하는 횟집에서 했다. 그는 나와 마주앉았는데, 회를 몇 점 먹지 못하고 창가에 몸을 기댄 채로 생각에 잠겨 있었다. 강의에 대한 자기평가 때문이었다. 우선 강의에 대한 자신의 느낌이 좋지 않았고, 청중의 반응도 신통치 않았다는 것이다. 그는 자책을 하고 있었다.

그는 스스로 책망거리를 만들어놓았다. 다른 사람들은 별 생각도 없는 것을 가지고 각본을 쓰고 있었다. 자책은 마음은 물론 몸의 균형을 잃게 하고, 입맛도 쓰게 한다. 분위기 좋은 바닷가 식당에서 그는 좋아하는 신선한 회를 앞에 두고도 즐기지 못했다. 그의 생각은 창밖 바닷가 어디를 헤매고 있었다. '혹시 이 사람이 지난 반평생을 이렇게 살아온 것은 아닌가' 하는 생각을 나는 했다.

한 식탁에 마주 앉은 우리는 강의 이야기는 전혀 하지 않았다. 그만이 자기 생각에 빠져 있었을 뿐, 우리는 그냥 가볍고 즐겁게 담소를 나누었다. 우리는 지금 이 시간을 즐겼으나, 그의 시간은 거꾸로 돌아갔다.

'그때 그렇게 말했어야 했는데, 그러면 더 큰 공감을 얻어낼 수 있었는데!'

후회는 자기애를 손상시키고 에너지를 퇴행시킨다. 후회는 지금 여기를 살지 못하는 사람들이 돌아가는 매우 익숙한 곳이다. 그들은 자장면을 먹으면서도 짬뽕을 그리워하고, 짬뽕을 먹으면서도 자장면을 그리워한다. '하루 세 번씩 자신의 행동을 반성한다'는 일일삼성一日三省은 자기 성장에 기여하기도 하나 강박증을 만들기도 한다. 강박증 성격은 매우 성실하나 현재를 살지 못한다.

짬뽕은 짬뽕이어서 맛있고, 자장면은 자장면이어서 맛있다. 음식도 지금 내가 먹고 있는 것이 제일 맛있다. 과거에 먹은 음식과 미래에 먹고 싶은 음식을 비교하니 앞에 별미를 놓고 먹으면서도 별미가 아닌 것이 된다. 맛있는 식당을 탐하는 사람들은 대개 지금 여기를 살지 못하는 사람들이다.

눈은 떴지만
잠들어 있는 사람

그의 시선은 여전히 창밖 먼 바닷가를 응시했다. 아마도 그는 우리가 강의에 대하여 혹평이라도 해주길 원했을지도 모른다. 그러면 '그것 봐, 내 생각이 맞지' 하면서 피학을 즐겼을 것이다. 그의 시계는 더 오래된 과거, 어린 시절에 그를 잘못했다고 꾸짖는 아버지에게로 돌아갔을 것이다. 어린 시절에 그를 칭찬해주던 엄마의 달콤한 말로 돌아가 자기애를 즐겼을지도 모른다. 지금 여기를 살지 못하는 사람들의 퇴행적 습관이다.

그는 이 좋은 바닷가의 식당을 즐기지 못하고 꿈의 세계를 거닐었다. 이분을 어떻게 잠에게 깨어나게 할 수 있을까? 잠든 사람은 '없는 것'을 보지만, 잠에서 깨어난 사람은 '있는 것'을 본다. 그는 지금 여기에 있는 것을 봐야 한다. 시간을 과거로 가지고 가면 현재의 것이 안 보인다. 지금 여기에 있는 것을 보게 함으로 과거로 돌아간 시계를 현재로 가져올 수 있다.

식사를 마치자마자 우리는 소화도 시킬 겸 바닷가를 산책했다. 늦은 가을 바닷바람은 차가웠지만 상쾌했다. 우리는 가십거리를 즐기고 있었다. 침묵을 지키던 그가 갑자기 말했다.

"한국의 석양이 이렇게 아름다운 줄 오늘 처음 알았습니다."

'한국'이란 말에 우리는 '당신 언제부터 한국 사람이었느냐'고 농담을 한마디씩 했다. 그의 얼굴에 미소가 돌았다. 그의 시간이 과거에서 현재로 돌아오고 있었다. 나는 이 시간을 놓치지 않았다.

"오늘 받은 강사비로 커피 사세요."

그가 꿈에서 깨어날 기회를 제공한 것이다. 카페는 당신이 선택하라고 했다. 꿈속의 카페가 아니라 지금 여기 서해안 바닷가에서 제일 멋있는 카페로. 우리는 한 카페에 들어갔는데 실내 인테리어가 바닷가와 아주 잘 어울렸다. 우리는 놀랐고 그는 "와우"를 외쳤다. 잠에서 완전히 깨어난 소리였다.

나는 "당신의 강사 사례비가 우리 모두를 행복하게 해주었다"고 했다. 그는 "강사 사례비는 강사의 것의 아니라 청중의 것"이라고 농담을 했다.

그는 지금 이 순간을 즐기고 있었다. 그의 시간은 현재로 돌아왔다. 꿈에서 깨면 현재로 돌아오고 현재의 것이 보이고 현재의 것이 들린다.

죽음을 대하는
현명한 자세

병문안과 문상 가는 일이 많아지는 때가 있다. 나도 언젠가는 중병에 걸릴 것이라는 현실을 인정하는 연습을 한다. 누구나 겪지만 나에게는 올 것 같지 않았던 죽음의 실제성도 마주하게 된다. 갑자기 세상을 떠난 친구가 있어서, 그의 빈소에 가서 눈물을 흘렸다면 죽음은 더 가깝게 느껴진다. 죽음을 진지하게 생각해본 사람들은 흔히 이런 말을 한다.

"죽음은 두렵지 않은데 죽어가는 것이 두렵다."

죽어가는 것이 두려워 유럽 어느 나라는 본인이 원하면 안

락사를 시켜준다고 한다. 미국의 저명한 임종과 죽음 의학자인 엘리자베스 퀴블러 로스Elisabeth Kübler-Ross는 안락사와 연명치료 둘 다 반대하고, 존엄한 죽음을 주장했다.

죽어가는 것이
두렵다

생애 후반기에는 죽어가는 사람을 옆에서 지켜봐야 하는 때가 많다. 침상에서 통증으로 고통스러워하는 환자를 지켜보면서, 자신의 죽음이 두려워진다. 몸에 모르핀이 들어간 환자에게 환청과 환시가 나타나는 것을 보면서, 죽어가는 것을 모욕으로 느끼기도 한다. 그들이 걱정하는 것은 환자가 아니라 곧 닥칠 자신의 죽음이다.

정작 죽어가는 사람의 내면에서는 어떤 일이 일어날까? 죽어가는 사람의 무의식은 이 생에서의 마지막을 정리하고 다가오는 새로운 세계를 준비한다. 우리가 사는 세상을 3차원이라 하면 죽음 이후의 세계는 그 이상의 차원이다. 아직 이곳의 차원에 있는 사람이 다가오는 차원을 맞이하는 사람 안에서 어떤 일이 일어나고 있는지 정확히 이해하는 일은 불가능하다.

퀴블러 로스에 의하면 많은 죽어가는 사람이 마지막 순간에는 아주 평안한 마음으로 죽음을 수용한다고 한다. 수용의 단계가 빨리 온 사람은 가족 앞에서 삶을 정리할 것이고, 늦게 온 사람은 그 시간이 부족할 것이다.

죽음과 무의식
사이에서

나는 분석심리학의 관점에서 '죽음을 앞에 둔 사람의 무의식은 무엇을 준비하고 있을까?'라는 주제로 세미나를 여러 번 개최한 적이 있다. 교재는 샤클린 뒤르밀러의 《삶과 죽음, 죽음과 삶》이었다. 융 분석가인 저자는 죽음을 앞둔 한 여성의 꿈을 죽기 직전까지 분석하면서 무의식은 무엇을 준비하고 있는지를 소개한다. 책에 소개된 꿈들은 삶의 마지막을 정리하고, 다가오는 새로운 삶을 준비하는 상징으로 가득 차 있다. 그것은 두려움을 덜어내주는 것이고, 개성화의 완성인 신성한 결혼으로의 초대에 관한 것이다.

대양을 건너는 꿈, 커다란 절벽에 8개의 밧줄이 걸려 있는 꿈, 낮은 언덕으로 된 초원을 오르는 꿈, 케이블카를 준비하는 꿈등은 삶과 죽음은 동떨어진 것이 아니라 하나로 연결된 것임을 알려주는 상징들이다.

부모나 평소 자기 삶에 긍정적 영향을 끼친 죽은 사람이 죽음의 안내자로 등장하는 꿈은, 이곳과 저곳이 하나임을 보여주는 상징의 절정이다. 죽어가는 사람은 산 사람이 생각하는 것처럼 그렇게 두렵고 불안하고 고통스럽지는 않을 것이다. 그의 육체와 의식은 분리의 고통을 겪지만, 죽음의 준비는 무의식이 한다.

꿈이 아니더라도 죽음에 임박한 사람들은 눈앞에 그들의 부모 또는 그들의 삶에 중요한 영향을 준 사람이 찾아왔다며 손짓을 하거나 대화를 한다. 가족은 환상이라 할 것이고, 의료진은 죽음 직전에 나타나는 섬망delirium이나 정신분열 증상이라고 할 것이다. 가장 깊은 무의식의 차원에서 죽음이 가까이 왔다는 것을 가족에게 알리는 거다. 삶과 죽음은 별개가 아니라 하나로 연결되었다는 것을 알리는 최선의 방법이다. 임종과 죽음 의학자인 퀴블로 로스는 이런 환시 후에 그는 얼마 살지 못하고 세상을 떠난다고 했다.

심리학의 신비적 차원을 개척한 분석심리학은 삶의 목적을 영적 성장으로 본다. 성장의 자원은 그의 무의식에 무궁무진하다. 따라서 성장의 욕구가 큰 생애 주기일수록 자아는 무의식으로 깊게 진입한다. 그때는 덜 현실적이거나 엉뚱한 사람이 되기도 한다. 사춘기와 사추기는 인생에 큰 변환기로 그들의 자아는 무의식으로 깊이 들어갔다가 나온다.

그보다 더 왕성한 성장을 해야 하는 순간이 바로 중병 진단 이후 죽어가는 시간들이다. 그들은 성장의 마지막 코스를 살고 있다. 이들의 자아는 그들만이 알 수 있는 깊은 무의식의 세계로 진입하여 죽음을 준비한다. 이는 자아의 의지가 아니라 자기Self의 자율 능력으로 이루어진다. 그들은 의식으로 다시 나오지 않고 다른 차원의 세계로 진입하기에 그 과정은 산 사람에게 안개 속을 더듬는 것과 같다.

한편 샤클린 뒤르밀러는 폰 프란츠의 저서《꿈과 죽음》을 인용하면서 "사람은 죽기 직전까지의 성장의 분량을 가지고 죽음 이후를 맞이한다"라고 한다. 죽어가는 기간은 가장 큰 분량을 준비해야 하는 만큼 강력한 성장의 드라이브가 걸린다. 의식의 기능은 극도로 축소되고 태고부터 전승된 인류의 성장 요소로 가득 찬 집단무의식으로 급히 진입한다. 의식을 주 기능으로 하는 살아있는 사람이 그들의 입장에서 이들을 평가하면 안 된다.

퀴블러 로스에 의하면 의식불명인 사람도 청각은 정상적으로 기능해 의료진과 가족이 하는 말은 듣는다고 한다. 대부분의 환자들은 죽음 직전에 편안한 수용의 경지에 이른다. 가족은 통곡하지 말아야 한다. 편안히 가시게 도와드리는 것이 죽어가는 분에 대한 최고의 예의이고 경의다. 산 사람의 욕망과 불안을 죽어가는 사람에게 투사하지 말라.

많이 알아갈수록
두렵지 않다

죽음을 바로 앞에 둔 사람은 유아기를 제외하고는 가장 깊은 무의식 상태에 있다. 신체의 고통을 느끼는 것은 의식적 자각이다. 마취나 진통은 약물을 사용하여 의식적 자각을 차단시키고 깊은 무의식 상태에 빠뜨리는 것이다. 의식적 자각이 없는 상태에서는 신체적 고통도 느끼지 않는다.

죽어가는 사람이 신체적 고통을 호소하더라도 무의식은 이를 이겨낼 영적 자원을 계속 퍼올린다. 내 생각에는 우리가 생각하는 만큼의 고통은 아닐 것이다. 인간에게 육肉을 입힌신神은 육을 떼어내면서, 감당할 수 없는 고통을 주시는 잔인한 분은 아니다. 극한 고통은 극한 환희를 만난다. 통증을 감해주는 진통제를 더 넉넉히 투여해야 하지만, 그 모습은 단지 죽어가는 사람의 겉모습일 뿐이다.

샤클린 뒤르뮐러의 피분석자는 그 환희의 절정을 혼인식, 만다라, 꽃, 신성한 아이 등의 꿈으로 경험했다. 드물게는 자신의 유년기가 환시로 나타나는 경우도 있다. 인간 정신의 초월성을 부정하는 의료진은 섬망 증상으로 볼 것이지만, 이들에게는 초월적 실제다.

한국 사람은 "저승사자가 검은 갓을 쓰고 검은 옷을 입고 찾아왔다"라고 한다. 한국인이 죽음에 대하여 가졌던 부정적 관념이 저승사자로 상징화된 것이다. 죽어가는 사람은 저승사자를 두려워하지 않고 죽음의 안내자라 하여 고마워한다.

의식의 세계에 있는 환자의 가족이 두려워한다. 죽어가는 사람의 무의식은 모든 자원을 불러들여 그를 달래고 위로하고 준비시킨다. 그래서 모든 죽은 사람의 모습은 평온하다. 나의 세미나에 참석한 50대 후반의 여성은 다음과 같은 피드백을 전해왔다.

"나는 평생 사람들마다 각기 다른 모습으로 죽는 것을 봤다.

그것이 나에게 죽음이 무엇인지 알려주지는 않았다. 나는 여전히 죽음에 대해서 제3자의 입장이고 두려움도 있었다. 그러나 죽음의 무의식을 탐색하는 세미나에 참석하고 나서, 죽음에 대한 막연함이 구체적 '앎'으로 바뀌었다. 이 앎은 남은 내 삶을 더욱 풍요롭게 할 것이다."

칼 융은 죽음에 대해 이런 말을 남겼다.

"죽음은 끝이 아니라 이승과 저승, 두 세계를 연결하는 것이다."

"인간의 삶에 대한 대답은 인간의 삶이 지닌 한계 안에서 발견될 수 없다."

또 샤클린 뒤르뮐러는 이렇게 말했다.

"만약 죽어가는 동안 신성한 영혼과의 신성한 결혼이 거행된다면, 이 세상에서 새로운 빛의 탄생은 살아있는 현실이 된다."

자신을 가두지 않는
아주 쉬운 방법

나이 예순을 바라보면서 황혼이 불안해지고 우울해지는 때가 종종 있는데, 이런 감정이 몰려오면 누구나 견디기 힘들다. 비슷한 연령대의 휴먼워커Human worker(사회복지사, 상담사, 교사, 의사, 간호사 등 인간 복지를 위해서 일하는 사람)들과 식탁에서 나눈 이야기다. 내년에 은퇴하시는 분이 무심결에 한마디하셨다.

"은퇴하면 뭐 하고 사나."

순간 분위기가 숙연해졌다. 모두 하는 똑같은 고민이었기 때문이다. 그러자 다른 누군가 말했다.

"100세를 산다는데, 앞으로 40년은 뭐 먹고 사나요."

밥 먹는 속도가 느려졌고, 마치 그날이 온 것처럼 우리 사이에 묘한 그림자가 스쳐지나갔다. 한때 우울증을 겪었다는 분이 말했다.

"고령화 시대에 인류의 무서운 적은 황혼 우울이라는데, 이제는 남 이야기 같지 않아요."

우리는 즐거워야 할 식탁에 황혼 우울이란 손님을 미리 모셔들이고 있었다. 누구보다도 인간의 고통에 귀를 기울이며 살아온 우리는 분위기를 바꾸려고 서둘러 화제를 전환하지 않았다. 그렇게 얼마간 침묵이 흐르자, 이상하게 마음이 고요하고 편해졌다. 맞은편에 앉은 분이 갑자기 떠오른 생각이라며 박수를 치면서 말했다.

"나이 먹으면 친구들도 하나 둘씩 사라지는데, 황혼 우울을 마지막까지 친구로 두면 되지 않습니까."

좌중에 잔잔한 미소가 흘렀다. 그 순간 나도 마음속에 떠오르는 생각을 말했다.

"내일 일은 내일로 맡기고 지금은 밥이나 맛있게 먹읍시다."

가장 연장자가 자신의 인생 철학이라며 한마디 거들었다.

"인생은 내일을 대비하는 것이 아니라, 오늘을 사는 거야."

분위기가 확 바뀌었다. 우리는 화기애애한 분위기에서 식사를 했고, 이구동성으로 이것이 진정한 '식사 테라피'였다고 서로 격려했다.

삶은 외부 혹은 내부의 자극으로 수없이 많은 낯선 감정들과의 만남이다. 감정 정화의 제1수칙은 어떤 감정이든지 다 이유가 있어서 나를 찾아온 것이니, 그대로 받아들이라는 거다. 거부된 감정은 나를 거부하지만, 받아들인 감정은 나를 수용한다.

부서지는 모든 것을
사랑해야지

해운대 ○○연수원에서 직원교육을 마치고 해운대로 향했다. 바다를 마주보는 벤치에 앉아 한가롭게, 그리고 저마다의 생각에 잠겨 명상에 잠긴 분들이 많았다. 해는 서쪽으로 기울어 석양이 바닷물과 주변 건물을 서서히 물들이고 있었다.

깊은 생각에 잠겨 자기 곁에 누가 오는 줄도 모르는 분 옆에 나는 자리를 잡았다. 앉자마자 나도 그분처럼 멍하니, 하염없이 바닷가를 바라보았다. 강의실에서 들떴던 마음이 차분해졌다.

귀에 들려오는 것은 파도 소리, 눈에 보이는 것은 파도뿐이었다. 파도는 저 멀리서 있는 힘을 다해 바닷물을 쌓아올려 전진하다가 백사장에 부딪쳐 물거품이 되어 사라졌다. 그러기를 수없이 반복했다. 파도는 그렇게 말없이 말을 걸어왔다.

최근에 복잡한 생각으로 얼어붙은 나의 마음이 눈물이 되어 핑 돌았다. 나도 모르게 중얼거렸다.

"파도야, 고맙다. 쌓았다가 부서지고, 또 쌓았다가 부서지는 것은 너만이 아니었구나."

삶은 부서지면서 배우는 건데, 그동안 부서지지 않으려고 얼마나 애를 썼던가. 나는 해변을 향해 걸어나갔다. 그리고 손가락으로 백사장에 글을 써 고마운 파도에게 답례했다.

"부서지는 모든 것을 사랑해야지."

그 위를 파도가 쓸고 지나갔다.

인생의 맞바람을 대하는 방법

"저는 지금까지 인생의 맞바람과 대항하며 살아왔습니다. 어떻게 거친 맞바람을 이겨낼 수 있을까요?"

"간단해요. 뒤로 돌아서면 돼요."

맞서지 말고 뒤돌아서서 바람의 방향을 타라. 뒤돌아 선채로 앞으로 나가면, 후퇴하는 것 같지만 바람의 저항은 현저히 줄어들고 안정감도 생긴다. 생의 전반에 부는 바람은 적극적으로 돌파해야 하는 경우가 많다. 생의 후반에는 바람의 자존심도 지켜줘야 하고, 뒤돌아서서 멈추거나 바람의 방향대로 나가야 할 때가 더 많다.

맞바람과 대항을 인생의 승리라고 생각하는 사람이 물었다.

"뒤돌아서면 지는 것 아닌가요?"

그의 마음이 그에게 말했다.

"왜 인생 게임에서 항상 이겨야 한다고 생각하는가. 다른 이에게도 이길 기회를 주라. 그리고 지는 게 이기는 것이라는 이치를 알라."

인생은 멋진 결과를 창출해내야 하는 것이 아니라, 긴 경험의 연속이다. 내 인생에 불어닥친 바람은 다 그만한 이유가 있어서다.《구약성경》의 욥을 보라. 그는 생의 광풍을 다 겪고 나서야 의식의 지평이 확장되었다. 그는 앞으로 닥칠 인생의 어떤 광풍도 광풍으로 받지 않을 수 있게 되었다.

둘 중 하나만
취할 수는 없다

여기 막대자석이 있다. 한쪽은 N극이고 다른 한쪽은 S극이다. 반으로 쪼개면 각각 N극과 S극으로 분리되는가? 그렇지 않다. 쪼개진 N극의 맞은편에는 S극이 생기고, 쪼개진 S극의 맞은편에는 N극이 생긴다. 막대자석을 아무리 잘게 쪼개도 N극과 S극은 따로 분리되지 않는다. 이것은 불변하는 자연의 원리다. 작은 곳에서 일어난 자연의 원리는 대자연에도 일어난다. 미시물리학은 미시 세계에 존재하는 원리가 거시 세계에도 상응된다는 것이다.

집단의식이 만든 전통, 도덕, 규범 등은 어느 것은 취하고 어느 것은 취하지 않게 한다. 흥부는 좋은 사람이고, 놀부는 나쁜 사람이어야 한다. 콩쥐는 본받아야 하고 팥쥐는 본받으면 안 된다. 사랑은 좋은 것이고 미움을 나쁜 것이다. 그러나 그는 커가면서 배운다. 사람의 마음에는 좋음과 나쁨이 공존하며, 둘 중 하나는 취하고 다른 하나를 버리는 일은 불가능하다는 것을.

중국 철학의 근원이 되는 《주역》의 음양 원리도 이와 동일하다. 양과 음은 분리된 것이 아니라, 양은 음을 품고 음은 양을 품는다. 봄은 음에서 양이 우세해지는 것이고, 여름은 양이 주도권을 가지는 것이다. 가을은 음이 우세해지는 것이고, 겨울은 음이 주도권을 가지는 것이다. 이러한 사계절의 순환을 누가 막을 수 있는가?

인생에도 사계절이 있다. 부적을 품고 다닌다고, 기도를 한다고, 항상 양기만 충만하게 살 수는 없다. 음의 기운도 있어야 인생이 깊어지고 겸손해지고 삶을 관조하는 능력도 생긴다. 행복하기만을 바라는 사람은 절대 행복할 수 없고, 항상 불행하다고 생각하는 사람도 늘 불행한 것은 아니다.

행복과 불행은 자석의 양극과 같이 일정한 거리에서 각자 자리를 지킨다. 정말 행복한 사람에게는, 행복은 행복해서 좋고 불행은 불행해서 좋다. 지혜는 변화를 주도하는 것이 아니라 변화의 흐름을 타면서 거기서 진주를 건어올리는 능력이다. 우주도 이와 같은 양극의 원리로 운행된다.

개미에게도
영혼이 있을까

동네 뒷산을 오르다가 곱게 물든 낙엽에 반했다. 지나간 여름, 태풍 링링이 쓰러뜨린 나무에 걸터앉아 낙엽을 바라보고 있었다. 바로 그때 맞은편에서 개미 한 마리가 거친 숨소리를 내며 기어왔다. 개미는 나를 정면에서 보더니 "으악" 소리를 내고 뒤로 발랑 자빠졌다. 그러고는 앞발로 살살 빌면서 물었다.

"오, 위대하신 신이시여. 저는 개미의 삶에 대하여 진지한 고민을 하는 수행 개미입니다. 오늘 드디어 존재 자체이신 위대하신 신을 만났습니다. 제가 죽으면 어떻게 되나요?"

"그야 간단하지. 자, 네 아래를 내려다 봐. 뭐가 보이나?"

"그야 흙이 보이지요. 이 지긋지긋한 흙. 나는 이 흙과 일생을 싸우면서 보내고 있다고요."

"흙과 싸운다고? 너는 죽으면 흙으로 돌아가. 흙은 너야. 그런데 너는 너 자신과 싸우면서 수행을 하고 있었던 거야."

수행의 관록이 붙은 개미는 내 말의 의미를 깨달았다. 하나의 큰 문제가 해결되었고, 다시 진지하게 물었다.

"그러면 제 영혼은 어디로 가나요?"

나는 개미 따위가 제 영혼까지 논한다는 것에 깔깔거리고 웃었으나 개미의 진지한 표정에 나도 그만 진지해졌다. 나의 영혼이 중요하듯이 개미도 제 영혼이 중요하다는 생각을 못했던 것이다. 이번에도 어려운 질문은 아니었다.

"그것도 간단해. 너는 네 영혼이 보이느냐?"

"영혼이 보이다뇨? 영혼은 보이지 않습니다."

"그래, 영혼은 보이지 않는 곳으로 가는 거야."

개미는 삶의 본질에 대한 규명에 더 가까이 다가갔다. 개미는 "그곳이 어딘데요?"라고 물으려는 것 같았으나, 나는 얼른 자리에서 일어나 내 길을 갔다. 뒤돌아보니 개미도 제 길을 가고 있었다.

보이는 것과 보이지 않는 것이 있듯이 말로 설명할 수 있는 것과 말로 설명할 수 없는 것이 있다.

"깨달음이 답이다."

싯다르타는 깨달음의 욕망도 버리는 것이 참된 깨달음이라고 했다.

내 마음에서 무슨 소리가 난다

: 진짜 자신을 만나러 가는 시간

'내가 모르는 나'가
소리를 낸다

칼 융은 생애 후반기에 이루어지는 내적 작업으로 "무의식의
소리를 들어야 진정한 자기로서 살 수 있다"라고 했다. 나는 '무
의식'이라는 심리학 용어를 좀 더 넓고 보편적인 개념인 '마음'
으로 바꾸어 '마음 소리'라는 말을 즐겨 쓴다.

"마음의 소리를 들으라."

마음이란
무엇일까

먼저 '마음'을 정의해야 할 것 같다. 그런데, '마음은 무엇이다' 라고 정의를 내리면 그때부터 마음은 한계에 갇힌다. 그것은 학자들이 하는 일이다. 학자들의 노력은 마음을 객관적으로 이해하는 데 어느 정도 도움은 준다. 그러나 마음은 정의보다 더 높은 차원에 있다. 마음은 정의를 내리는 것이 아니라 경험으로 깨닫는 것이다. 이를 '마음 공부'라고 한다. 마음 공부가 일반 공부와 다른 점은 지식의 섭렵이 아니라 존재의 변화를 목적으로 한다는 점이다.

그래도 마음 공부란 것이 허공을 손으로 휘젓는 일이 되면 안되겠기에 마음의 정의를 간단히 내려보겠다.

프로이트는 정신(또는 마음)을 의식과 무의식으로 구분했다. 의식은 '내가 아는 나'이고, 무의식은 '내가 모르는 나'다. 그의 이론에 의하면 '내가 모르는 나'를 '내가 아는 나'로 바꾸어가는 것이 정신 건강이며 심리치료다. 프로이트에게 '내가 모르는 나'는 주로 의식에서 거부한 부정적인 감정이다. 마음 공부는 무의식에서 내가 모르는 부정적인 감정을 내 것으로 만들어 그것에 더 이상 휘둘리지 않는 수련 과정이다.

프로이트의 제자였다가, 그와 의견을 달리해서 결별한 융은 마음을 세 개의 층으로 구성된 원구 형태로 보았다. 의식, 개인 무의식, 집단무의식이다. 의식과 개인무의식은 프로이트의 의 식과 무의식과 비슷하다. 반면 집단무의식은 인류가 시간과 공 간을 초월하여 집단적으로 경험한 것이 유전되어 원형의 형태 로 저장된 곳이다. 원형은 자아의 의지와는 무관하게 자체의 원리를 가지고 있다. 원형은 에너지 덩어리이고, 개인이 가진 무한한 잠재력이고, 과학적으로 설명할 수 없는 신비하고 초월 적인 영역까지 포함한다.

융의 관점에서 마음 공부는 집단무의식의 원형을 의식화시 키는 평생의 수련 과정이다. 마음 공부는 프로이트에서 융으로 건너는 과정을 거친다.

마음에서
나는 소리

마음 소리를 크게 두 가지로 나눌 수 있다.

첫째, '내가 아는 나'를 듣는 것이다. 머리에 있던 것이 가슴으로 내려오는 과정으로, 귀로 듣는 것 이상의 통찰로 다가온다. 책을 읽다가, 대화를 하다가, 멍하고 있다가 떠오르는 통찰이다. 비교적 합리적이고 보편적인 특성을 가졌다. 프로이트로식으로 말하면 '통찰' 또는 '의식화'에 가깝다.

둘째, '내가 모르는 나'를 듣는 것이다. 이때는 자아가 주체가 되는 것이 아니라, 내가 모르는 나가 주체가 된다. 집단무의식의 원형이 의식과 연결되는 삶의 근본적인 변화, 즉 세계관의 변화가 뒤따른다. 융 심리학의 '통합' 과정이다. 가령 '서로 사랑하라'라는 마음의 소리를 들었다고 하자. 의식화의 차원에서는 그동안 사랑하지 못한 것을 깊이 각성하고 사랑하겠다는 다짐을 하게 한다. 통합의 차원에서는 자아의 의지와는 무관하게 강하고 급하게, 혹은 천천히 은밀하게 자신도 모르게 사랑하는 사람이 되어가는 것이다.

대기업에서 중견 간부로 일 잘하고 있는 40대 후반의 남성이 있다고 하자. 어느 날 갑자기 퇴직하고 싶은 생각이 들었다.

"나는 상담심리학을 공부해서 지친 청소년을 돕는 일을 하고 싶어."

그러나 생각일 뿐 그의 사회적 페르소나는 결단 내리기 힘들다. 그렇다고 무익한 생각은 아니다. 그는 생각을 실현하기 위해 사이버대학이나 야간대학원에 입학할 수 있다.

그로부터 3년 뒤에 이상하게 직장을 그만두어야 하는 상황이 오거나, 아니면 어떤 강한 힘에 의하여 직장을 그만두게 된다. 불확실한 미래에 대한 두려움도 있지만 희망은 더 크다. 사람이 새로운 결단을 내릴 수 있는 것은 두려움이 없어서가 아니라, 두려움보다 희망이 더 크게 보여서다. 두려움 없는 희망은 희망이 아니다.

마음 공부라는
인생 공부

이처럼 마음 소리를 듣는 것, 즉 마음 공부는 평생에 걸친 수련의 과정이다. 두려움은 점차 모험과 기대로 바뀔 것이며, 미지의 세상을 향하여 한 걸음씩 나가게 한다. 각자는 타인과 비교할 수 없는 진정한 자기로서의 삶을 구현하게 된다. 자아가 아닌 원형이 엔진이 되어 나를 운전하여 가야 할 곳으로 가게 한다.

다음은 융의 말이다.

"나 자신을 있는 그대로 받아들이는 것이야말로 세상에서 가장 두려운 일이다."

"당신이 가장 두려워하는 것을 찾으라. 진정한 성장은 그 순간부터 시작된다."

"나의 일생은 무의식을 실현해 가는 과정이다. 우리에게 보이는 것은 말라버릴 꽃뿐이다. 그러나 숨어 있는 뿌리는 마르지 않고 언제나 살아있다."

삶은 우리를 괴롭히기 위해서 존재하는 것 같다. 괴롭힘 없이 어떻게 진주가 생기고 진주를 깨낼 수 있겠는가? 해결책이 없다고 하늘을 향해 울지 말라. 마음 밖을 서성이면 마음 밖에 있는 것만 보인다. 지금은 다만 마음 공부를 할 때다.

외로움과 충만함은
단짝이다

그녀는 사랑해주는 사람을 만나 결혼을 하려고 했다. 양가 상견례도 하고 본격적으로 결혼 준비를 시작하던 무렵, 그녀는 상대에게 그동안 일은 없었던 것으로 하자며 결별을 선언했다. 자신은 어떤 사람과 평생 한 공간에서 살 수 있는 사람이 아니라는 것이다. 결혼했다 나중에 이혼을 하느니, 차라리 지금 작은 불행을 선택하여 큰 불행을 막는 것이 현명하다고 했다. 중요한 선택일수록 용기가 있어야 한다. 마음이 가지 않는 일에 대한 결정은 빠를수록 좋다.

그녀는 지금 50대 초반이다. 주변에 결혼한 친구들 사는 것을 보니, 결혼 안 한 것은 정말 나다운 선택이라 했다. 나는 혼자 살 운명이고 지금 삶에 만족한다는 것이다. 어떤 때는 '나도 다른 여자들처럼 남편 바라보고 아이 낳고 살았다면 좋았을 걸'이라는 생각도 든다고 했다. 행복한 가정을 보면 부러운 마음도 드는 것을 어쩔 수 없었다. 인생은 늘 양면이다. 그래도 혼자라서 좋다는 생각에는 변화가 없다. 결혼은 해도 후회, 안 해도 후회가 맞다. 그런데 지금 느닷없이 혹독한 외로움이 그녀를 덮쳤다.

'나 홀로'에 이력이 난 그녀는 웬만한 외로움은 잘 견뎠고 낭만으로 즐길 여유도 있었다. 나 좋아하는 것을 마음껏 하면 된다. 시간만 되면 떠나고 싶을 때 언제든지 훅 떠나 여행을 즐기고 오면 된다. 치근거리는 남자들은 항상 있었지만 역으로 이용해 적당히 데이트를 즐기는 노련미도 가졌다. 그녀는 자신에게 물었다.

'나는 무엇을 외로워하고 있는 걸까?'

지금 당장 외로워할 일은 없다. 최근에 병문안을 평소보다 더 많이 갔다.

'내가 저렇게 되면 누가 내 옆을 지켜줄까?'

아마도 간병인이겠지. 미래에 있을 병 걱정이 외로움을 만들었다.

'나는 왜 미래를 두고 지금 외로워해야 할까?'

소크라테스의 산파술처럼 자기와 계속 대화를 한 그녀에게 깨달음이 왔다.

그녀는 다시 지금 이 순간을 살 수 있었다. 양치질할 때는 양치질에, 화장할 때는 화장에, 옷 갈아입을 때는 옷 갈아입는 일에, TV를 볼 때는 드라마에만 집중했다. 그랬더니 혹독한 외로움은 거짓말 같이 일상의 외로움으로 바뀌었다.

즐거운 일을
해보세요

평생의 벗인 외로움은 불안에서 나온다. 정신분석에서는 불안하니까 방어기제를 쓴다고 한다. 대부분의 불안은 미래에 관한 것이다.

나는 어린 시절에 아버지에게 6·25 전쟁 때의 피난 이야기를 종종 들었다. 그게 원인이 되어 전쟁영화만 보면 불안했다. 미래에 있을지 모를 전쟁에 자아가 동일시해버린 것이다. 외로움도 잘 타는 소년이었다. 지금 생각해보니 하고 있는 것을 즐기지 못하게 하는 딴생각이 외로움을 만들었다. 청년기에 내가 좋아하는 즐거운 일을 하면서 감정의 정화도 함께 일어났다.

복잡한 감정 때문에 괴로워하는 내담자가 응급처치라도 바라듯 어떻게 하면 좋으냐고 물을 때가 많다. 어렵지 않다.

"즐거운 일을 해보세요."

'나 홀로'가 나를 외롭게 하는 것이 아니라 '나는 혼자다'라는 생각이 나를 외롭게 한다. 인생은 함께 있어도 혼자 사는 거다. 나와 동일시할 사람을 찾아다녀봐야 외로움만 더 커진다.

결혼의 가장 큰 목적은 '외롭지 않기 위해서'이나, 결혼은 또 다른 외로움을 안겨준다. 가족은 외로움을 이겨내는 데 큰 도움을 줄 수 있으나, 외로움을 가족 안에서만 해결하려 하면 그는 퇴행하여 성장하지 않는다.

세르반테스는 명작 《돈키호테》를 감옥에서 썼다. '나 홀로' 존재하는 연습에 성공한 사람은 어떤 외로움도 창조적으로 사용할 수 있다.

외로움은
충만한 인생을 완성한다

은퇴를 준비하는 사람들은 외롭다. 오랜 세월을 함께한 공동체를 떠나야 하기 때문이다. 막상 떠나면 생각보다 외로움은 크지 않다. 함께할 새로운 공동체는 지구를 떠나도 또 다른 곳에 존재한다.

　금슬이 좋았던 배우자가 병에 걸려 세상을 떠났다. 그는 죽은 자와 함께했던 즐거운 과거로 다시 돌아갈 수 없어서 외롭다. 앞으로도 혼자 살 것을 생각하니 외롭다. 현재는 과거의 연장선, 과거가 즐거웠다면 현재도 즐겁지 않을 이유가 없다. 어느 한 사람과 즐거운 시간을 보냈다면, 또 다른 사람과도 즐거운 시간을 보낼 능력은 있다.

　인생은 크고 작은 회자정리會者定離의 연속이다. 떠나지 않을 것이 없고, 만나지 않을 것이 없다. 떠난 것에 집착하고, 만나지 못할 것을 염려하니 현재가 외롭고 쓸쓸하다.

　늦가을 낙엽이 떨어지는 공원의 벤치에 앉아, 가을 풍경에만 집중하면 마음이 넉넉해지고 자연과 하나 되는 희열도 느낀다. 장엄한 자연의 한 조각을 보면서 외롭고 우울하고 인생무상을 느끼는 것은 과거의 감정이 올라오기 때문이다.

떠나면 떠나는 일에, 만나면 만나는 일에만 충실하면 외로움은 들어설 자리가 없다. 누구나 지금 여기서 충만한 기쁨을 누릴 권리가 있다.

어려운 불교를 알기 쉽게 가르쳐 불교계뿐만 아니라 일반 대중에게도 영적 지도자로 활동하시는 스님이 있다. 나는 그분의 소년 같은 미소에서 외로움을 보았다. 자상한 눈빛에도 외로움의 흔적이 있다. 부드러운 말투에도 외로움이 느껴진다.

외롭지 않으면 수도사가 아니다. 수도사는 제 외로움과 싸우며 수도하기로 작정한 사람이다. 스님은 자신의 외로움으로 질문자의 외로움을 만나기에, 최적의 법문을 풀어낼 수 있다. 잠든 자를 깨닫게 하는 그분만의 직관과 해학은 외로움에서 나왔을 것이다. 외로움은 외로움을 만나 희망이 된다. 수도사는 외로움과 끈질기게 싸워 살아남은 사람이다.

인생은 길고도 짧은, 한 편의 외로운 코미디다. 이왕이면 웃고 가자는 말은 외로움을 없애자는 것이 아니라, 외로움을 달래자는 것이다. 우리는 외로움을 대체할 것을 너무 많이 가지고 있다. 마치 외로워서는 안 되는 것처럼, 외로움도 수치로 생각한다. 스마트폰은 많은 편의를 제공하나, 외로울 틈을 주지 않아 외로움이 가져다주는 선물을 가로채고 있다.

외로움은 이성의 한계를 넘은 영적인 것이다. 이성의 한계 내에 있는 현대 문명은 외로움에 대한 근본적인 처방을 제시하지 못한다. 외로움은 그 반대편에 있는 또 다른 감정인 충만함을 만나, 온전한 인격으로 통합된다. 외로움은 그의 짝인 충만함을 그리워하고, 충만함은 그의 짝인 외로움을 그리워한다.

지금 이 순간의 외로움은 축복이다. 당신은 곧 충만해질 것이다. 우리는 하나를 만나면, 언젠가는 그 반대의 것도 만나게 되어 있다.

공허함의 밑바닥에는
사랑이 있다

자신은 가진 것이 너무 없고, 나는 성공했다고 여기는 후배가
말했다.

"형님, 형님은 그 분야에서 성공하셨지 않습니까? 그러니 저
처럼 이루지 못한 것에 대한 공허감은 당연히 없겠지요."

쑥스럽다. 성공이라니!

"나는 아직도 가야 할 길이 있고, 매일 나의 공허를 다독이면
서 살고 있다네. 무덤에 들어가기 전까지 그럴걸. 그런데 나는
그것을 당연한 일로 여기지. 그게 자네와 나의 차이일 걸세."

정신분석은 인간의 공허를 방어하지 않는다. 저급한 방법으로, 또는 긍정의 심리학으로 바꾸려 하지 않는다. 석탄 한 덩이 얻자고 더 깊이 있는 금광을 놓쳐서는 안 된다. 정신분석은 공허에 숨겨진 보화를 깨낸다.

정신분석으로 자신의 원초적 본능과 그 본능 밑에 깔린 깊은 공허를 직면한 분들이 묻는다.

"저만 그런가요? 대중의 인지도가 높은 영적 지도자들 있지 않습니까. 그분들도 공허할까요?"

말하면 뭐 하나. 당연히 공허하지. 그들이 공허하지 않다고 말한다면, 자기를 속이는 거다. 차이점은 그들은 공허를 받아들였다는 것이다. 영적 지혜는 거기서 나온다. 기쁨은 외부에서 주어지는 것이 아니다. 내가 받아들인 모든 것이 기쁨이 된다.

공허의 밑바닥에 있는 것

학력 콤플렉스를 가진 사람이 늦공부를 시작했다. 그는 박사 학위 받고 대학 강단에만 서면 인생에서 얻을 것을 다 얻는 것이라고 생각했다. 열렬히 노력하여 목적을 성취했지만, 그의 마음은 여전히 빈 항아리임을 알게 되었다. 공허의 메시지를 읽어내지 못하고, 공허를 채우려했기 때문이다.

공허의 지혜를 설파해 당대에는 좌파 문서로 취급받았지만, 편집자들에 의하여 그 가치를 재조명받아 《구약성경》 안으로 들어온 〈전도서 기자〉는 말한다.

"한마디만 더 하마. 나의 아이들아, 조심해라. 책은 아무리 읽어도 끝이 없고, 공부만 하는 것은 몸을 피곤하게 한다."

- 〈전도서〉 12:12

공허의 빈 항아리를 채우려는 인간의 몸부림이 헛되다는 것이다. 그러면 공허를 어떻게 해야 하나? 인간이 본래 공허하다는 것을 받아들여야 한다. 공수래공수거空手來空手去라고 했다.

프랑스 칸 영화제에서 황금종려상을 받은 봉준호 감독의 영화 〈기생충〉은 인간의 공허를 공허한 것으로 채우려는 군상의 모습을 잘 보여준다. 공허해지지 않으려고 공허한 것으로 가득 채운 호화 저택, 그 호화 저택을 로망으로 삼은 사람들, 욕구 불만이 팽창되어 인간의 원초적 공격성이 터져나왔다.

방탄소년단은 '너 자신을 사랑하라'고 노래한다. 자신을 사랑하라는 것은 자기 존재의 기반인 공허도 사랑하라는 거다. 사랑받은 공허는 그 껍질을 벗겨 평화를 선물한다. 소크라테스는 '너 자신을 알라'고 했다. 자신을 계속 알아가면 '무지의 지'를 얻는다. 당대에 소피스트들은 공허를 말로 채우려다 궤변에 빠진 무리들이다. 공허의 밑바닥에는 사랑의 씨앗이 자라고 있다는 것을, 공허를 외면한 사람들은 모른다.

어느 늦은 가을, 자해와 자살 충동으로 힘든 나날을 보내고 있던 소녀가 길가에 버려진 어린 고양이의 울음소리를 들었다. 어미 고양이는 생존력이 없는 새끼는 버린다고 한다. 소녀는 고양이 앞에 멈췄다. 고양이도 도망가지 않고 소녀를 보고 더 애절하게 울었다. 그냥 갈 수 없었다. 마음 깊은 곳에서 동물애가 작동했다. 소녀는 어린 고양이를 집으로 데리고 와 분유를 먹여 키웠다. 소녀는 고양이를 사랑했다. 단지 고양이를 사랑했을 뿐인데, 그동안 값싼 위로라고 거부한 '자기애'도 생겼다. 자해와 자살 충동이 소녀에게 서서히 사라졌다.

공허의 밑바닥에서 나온 사랑이 진짜 사랑이다. 사랑으로 위장한 동정은 자기위로에 근거를 두기에 오래가지 않는다.

공허하면 사랑하라. 자해하고 싶은가? 자살하고 싶은가? 자신을 사랑하기가 힘든가? 먼저 존재하는 다른 것을 사랑하는 연습을 하라. 가급적이면 감정이 있는 것을, 그러면 공허가 그리워하는 것이 무엇인지 알게 될 것이다.

사랑할 때가 되었다는 신호

공허로 따지면 예술가만큼 공허한 사람이 있을까? 예술가는 공허해지기로 작심하고 거기서 나오는 창조성으로 인류에게 감동을 주려고 세상에 온 사람들이다. 글 쓰는 사람도 마찬가지다. 나는 순수문학을 하는 사람은 아니지만, 공허할 때 글이 가장 잘 써진다. 공허는 창조의 모토다.

공허하지 않다는 사람은 정말 공허하지 않은 것이 아니라, 공허를 나쁜 것으로 여겨 외면한 것이다. 그들은 현실 적응과 처세술에 뛰어나다. 그들은 일찍 성공할 수 있고 경제 개발의 주역이 될 수 있다. 그들이 '나 이렇게 잘 살아왔다' 할 즈음에 공허는 떼를 지어 그를 방문한다. 만일 그에게 공허를 대체할 것이 너무 많다면, 그는 공허가 가지고 온 사랑의 선물을 받지 못한다. 공허는 그가 더 사랑해야 할 시점에 제 존재를 드러내어 방문한다.

정신분열증은 깊은 공허에 빠져서 나오지 못한 마음의 병이다. 그들의 심리치료에 큰 기여를 한 미국의 정신의학자 해리 스택 설리번Harry Stack Sullivan은 사회의 어두운 곳으로 쫓겨난 그들에게 사려 깊은 관계 경험, 즉 사랑의 치료를 제공했다. 그들의 증상은 현저히 개선되었다. 공허와 사랑은 모종의 관계가 있음을 보여준다.

공허의 짝은 사랑이다. 공허하면 사랑하라. 사랑은 어떤 공허도 감싸안는다.

워낙 잘 나가서 평범한 사교 모임에는 나올 것 같지 않은 친구가 동창회에 나와 기웃거리기 시작했다. 이를 의아하게 여긴 친구들에게 그는 이렇게 말했다.

"공허해서 그래. 나이 먹으면 공허해지잖아. 그러면 옛 친구가 그리워지고."

그는 이제야 막 사랑을 배우기 시작했다.

어떻게 사랑하면 되느냐고, 사랑의 방법을 묻는 것은 아직 사랑할 준비가 안 되었다는 증거다. 사랑은 사랑을 하면서 배우는 것이다. 자기 사랑? 자기를 사랑하면서 배운다. 그는 자기 사랑은 존재의 깊이에 가 닿게 하는 에너지임을 스스로 알게 될 것이다. 타인 사랑? 타인을 사랑하면서 배운다. 그는 타인은 자기와 별개의 존재가 아님을 알게 될 것이다. 공허하면 사랑으로 리뉴얼하라.

마음이 먼저
살쪄야 한다

전쟁을 하는 목적은 경제적인 이득을 취하는 것이다. 즉 더 잘 먹기 위함이다. 잘 먹고 살면 잘 사는 것이고, 잘 먹지 못하면 못 사는 게 된다. 뭘 먹느냐도 부의 척도다. 같은 프랜차이즈 치킨이라도 잘 사는 동네에서 사 먹으면 더 좋은 식재료를 사용하고 조리과정에 더 많은 신경을 쓰기에 맛있다고 한다. 믿고 싶지 않지만, 양쪽 동네를 살아본 사람에게 들은 말이다.

생일 때만큼은 맛있는 음식을 차리는 게 동서양의 전통이다. 가난하거나 신분이 낮은 사람이라도 그날만큼은 최고의 음식을 먹음으로 주인공이 된다. 명절 때 맛난 음식을 많이 장만하는 전통도 같은 이유에서다. 명절만큼은 가족 모두가 잘 먹음으로써 잘 사는 사람이 되고 싶다. 그럼, 잘 먹는 것이 잘 사는 걸까?

페이스북에 걸핏하면 맛난 음식 사진을 올리는 유저들을 보면 '꼭 이래야 하나' 하는 생각이 든다. 특별한 날에 좋은 음식을 먹고 축하해달라고 올려놓는 것이야 어쩌랴마는, 식탁 사진을 단골로 올리는 유저들은 '나 잘 먹고 있어'라고 선전하는 셈이나 다름없다.

먹는 것을 과시하는 모습은 마음이 허해졌음을 스스로 알리는 거다. 한 끼에 20만 원짜리 한정식은 귀한 분 접대용이다. 영양가로 따지면 2만 원짜리와 차이가 없다. 상하와 갑을 관계가 없는 2만 원짜리 식탁이 편하고 자유롭다.

마음이 허할 때는
무엇을 먹을까

먹는 것에 특별한 애착을 가지는 연령대는 유년기, 사춘기, 사추기다. 마음이 살쪄야 하는 중요한 생애 주기에 식욕도 왕성해진다는 것은 의미가 있지 않은가? 맛있는 배달음식과 맛집을 다 꿰차고 음식 순례를 하라는 것이 아니다. 지금은 마음이 허하니, 마음이 살쪄야 하는 시기임을 식욕으로 알리는 거다.

마음이 허하면 음식이 그리워진다. 그 욕망을 마음으로 돌려라. 여러 종교에서 금식을 행하는 것은 몸의 허기를 마음의 양식으로 채우는 수련이다. 음식에 집착하는 노인도 있다. 노년의 퇴행 현상 탓에 마음이 허해서 그렇다. 음식물로 퇴행하면 마음은 빠지고 몸은 분다.

어린이로 출발하여 어른이 되는 성장 과정은 원으로 설명할 수 있다. 어린이는 내적 세계에서 삶을 시작하여 외적 세계로 넓히면서 어른이 된다. 생애 후반기까지는 180도 돌아 장성한 어른이 된다. 생애 후반 이후부터는 외적 세계에서 다시 내적 세계로 들어와 긴 마음 여행을 한다. 360도 돌아 본래 자리로 돌아오는 것이다.

분석심리학에서 어린이는 자기, 즉 위대한 자의 상징이다. 이 자리는 처음과는 달리 '어른인 어린이, 어린이인 어른'이 되는 것이다. 360도 돌아 어린이성과 어른성이 통합된 것이다. 성숙한 어른은 삶의 수레바퀴를 안으로 돌려 거기서 지혜를 깨내고, 다시 밖으로 굴려 지혜를 세상에 실천한다. 미숙한 어른은 입으로 하는 말과 음식의 성찬에 집착한다. 고급 음식을 차려 놓은 형식적인 말이 오가는 자리는 질색이다.

음식을 즐기는 쾌락도 신이 내려준 은총이다. 그러나 그것을, 그것도 가족끼리만 즐기는 것을 큰 낙으로 삼는다면 짐승과 다를 바가 없다. 당신의 성장 척도는 오감의 달콤함에 멈춰 있는 것이다. 이를 정신분석학에서는 '구강기 고착'이라고 한다. 이런 사람에게 삶의 가장 큰 행복은 엄마의 젖을 빠는 것이다. 하루종일 먹는 연습을 하는 금붕어 같다. 먹어도 먹어도 배가 안 차니 입짓만 한다.

구강기에 고착된 사람은 성인병과 비만에 잘 걸릴 수 있다. 그가 우선해야 할 일은 다이어트가 아니라, 마음을 정서적 자양분으로 채우는 것이다.

구강기 욕망도 필요해서 생겼다. 거기에서 삶의 에너지도 나온다. 예컨대 사랑의 환상은 구강기 욕망의 투사로서 엄청난 에너지를 가지고 있다. 거기서 예술과 문학이 탄생한다. 청년의 물불 가리지 않는 추진력도 거기서 나온다. 우정 같은 친근한 감정도 거기서 나온다.

영혼을
살찌우려면

"고령화 시대에 나 은퇴하면 뭐하지?"

은퇴 후 길게 잡아 6개월 동안은 그동안 못한 일을 하려니 현직에 있을 때보다 더 바쁘다. 6개월이 지나면 마음이 허해진다. 우울해진다. 이때 마음을 놓으면 먹는 것에 집착하게 된다. 구강기 퇴행을 조심해야 한다.

요즘 지역 도서관에 가보면 독서하는 어르신들을 쉽게 관찰할 수 있다. 하루에 한 시간이라도 꾸준히 독서하는 습관은 내가 나를 대접하는 최고의 별미다. 생애 후반기의 독서는 자신의 경험이 덧붙여져서 문자에서 문자 이상의 의미를 포착한다. 대오각성하여 이후의 삶에 빛이 들 수 있다. 그에게 삶은 진선미 자체가 될 것이다.

조기 퇴직하여 우울감에 시달리다가 구립도서관에 다니면서 안정을 찾았다는 분의 고백이다.

"최근에 고전과 영성에 관한 책을 펼쳤어요. 여기서 길을 찾지 못하면 죽는다는 갈급함이 있었어요. 예전에는 관심도 없던 글들이 하늘에서 내려온 동아줄 같았어요. 내가 책을 읽는 것이 아니라 책이 나를 읽었어요. 내 영혼이 살찌는 것 같았어요. 길게 잡아 앞으로 남은 30여 년의 인생을 함께 살아갈 길벗들이 도서관에서 나를 기다리고 있었던 거예요."

인간이 죽어서 한 줌 흙으로 돌아가는 유물론적 존재라면, 최고의 쾌락이 최고의 행복일 것이다. 그러나 최고의 쾌락이 최고의 행복이 아님은 여러 증거와 정황에서 나타난다.

유물론자들은 그들의 신관을 이상적 세계에 투영한 관념론자들이다. 칼 마르크스가 주창한 이상적 공산사회 건설은 신이나 할 수 있는 일이지만, 신도 안 하시는 일이다. 그가 절대 이루어질 수 없는 이상사회를 갈구한 것은 신에게 기도를 한 것과 다름없다. 그는 죽어서 가지고 갈 선물을 그의 방식대로 준비한 영적 순례자였을 것이다. 영적 순례자가 가야 할 곳은 마음이 풍요한 곳이다.

마음은 항상 친절하다. 생애 주기마다 필요한 것을 적시에 다 알려준다. 그 소리는 겸손한 수용이 있어야 들을 수 있다.

자신을 사랑하라는 게
무슨 말일까

"너 자신을 사랑하라."

요즘 자기 사랑이 치유나 자기계발의 핵심 키워드가 되었다. 그동안 자기애를 교만이나 이기주의로 보아온 사회문화적 전통에 그 원인이 있다. 우리 사회가 집단주의에서 급격히 개인주의로 전향하고 있다는 증거다.

자기 사랑은 인격 형성은 물론 내적 성장의 길을 걷는 사람에게 기초 공부이지만, 자칫 타인을 배려하지 못하거나 통제할 우려가 있다. 자신의 자기애로 타인을 통제하려거나, 타인에게도 자기애를 강요하는 경우가 여기에 속한다. 자기애는 자연스럽게 흘러야, 마음 안에 퍼져 인격으로 통합된다.

나와 상대방, 누구를 먼저 사랑해야 하나

내가 정말 특별히 잘나 보였을 때가 있다. 그 기쁨을 전능자에게 아뢰었다.

"저는 당신이 만든 걸작입니다."

그랬더니 전능자께서 이렇게 대꾸하셨다.

"그 말은 맞다. 그러나 그 말은 내가 너에게 할 말이지, 네가 나에게 할 말은 아니다."

무릎을 탁 쳤다. 깨달음이 왔다.

대학 동창생 중에 정말 잘난 척을 잘하는 친구가 있었다. 들어주기 역겨운 어느 날 그에게 말했다.

"네가 잘났음은 다른 사람이 인정해주는 것이지, 네가 인정하는 것은 아니지."

그랬더니 그 친구가 하는 말이 걸작이다.

"내가 나를 인정하지 않으면 누가 나를 인정하나?"

맞는 말이기는 했다. 그는 전능자의 인정을 받고 있다는 것을 인지하고 있었을까? 그랬다면 사람들에게 잘난 척할 필요가 없었을 텐데.

한 여대생이 강의실에서 만난 남학생에게 생애 처음으로 설렘을 느꼈다고 했다. 나는 마음에 드는 남성이 나타났으면 여성이라도 먼저 접근할 수 있다고 했다. 그랬더니 그녀는 그가 자기에게 관심을 보이지 않으면 어떻게 하느냐고 걱정했다. 그럴 수도 있고, 그것은 좋은 경험이 될 수도 있다고 나는 말했다. 그녀가 말했다.

"사랑은 그런 게 아니에요."

맞다. 사랑은 참 복잡한 것이다. 이성 간의 사랑이면 더 복잡하다.

한 내담자가 상담을 마치고 내게 말도 없이 대기실에 선물을 놓고 갔다. 다음 회기에 만나 왜 그랬느냐고 물었다. 그는 '선생님이 좋아하는 물건이 아니면 어떻게 하지' 하고 염려했다고 말했다. 나는 고맙다고 했고, 그는 내 얼굴 표정을 보고서야 밝게 웃었다. 그는 자신의 관심이 받아들여질지 걱정했던 것이다.

영국의 정신분석학자 로널드 페어베언Ronald Fairbairn은 사랑의 의심을 두 가지로 보았다. 첫째는 '상대방이 나를 정말 사랑하는 걸까?'다. 둘째는 '내 사랑이 상대방에게 진심으로 받아들여질까?'다. 이 두 가지는 모든 관계의 관건이다. 두 가지 사랑의 물음에 호의적이면 그는 세상에 적극적으로 참여하지만, 의문이 들면 세상 참여에 거리를 둔다는 것이다. 페어베언은 사랑받아본 경험이 있는 사람이 사랑을 호의적으로 받고 베풀 줄도 안다고 했다. 사랑은 좋은 인간관계의 초석이다.

자기, 상대방, 세상으로 무한히 확장되는 사랑

생애 후반에는 지금까지 사랑이라 불린 것에서 벗어나 그 이상의 의미를 찾아야 한다. 타인과 관계에서 사랑이 아니라, 자신과의 관계에서 사랑을 재발견해야 한다. 인간은 본래 한 존재로부터 파생되어 하나로 엮인 존재다. 호수에 돌을 던지면 수없이 크고 작고 다양한 물방울이 튀어올랐다가 다시 호수로 합쳐지는 것처럼 하나다.

진심으로 자기를 사랑하는 사람은 한 존재에서 파생된 다른 사람도 사랑하게 된다. 나의 일부, 아니 나와 하나된 자를 어찌 사랑하지 않을 수 있는가? 그러나 사랑에도 자장이 있는 법, 내 사랑의 자장이 미치는 범위는 무한대가 아니라 한정되어 있다.

자아가 마음의 심연으로 내려갈수록 존재하는 모든 것은 한 점에서 만난다. 역삼각형을 생각하면 된다. 상위 두 개의 점은 실선으로 연결되어 있다. 존재의 심층인 아래로 내려갈수록 둘은 한 점에서 만난다. 한 점에서 하나로 되기 전에는 두 개의 점으로 존재한다.

자신의 심층으로 내려가본 사람은 그가 관계하는 모든 사람과 하나임을 인식한다. 그것은 거듭남의 세계이며, 상대가 인식하지 못한다 하더라도 조급해하지 않고 사랑을 기다릴 줄 안다. 상대는 아직 하나의 점까지 내려올 때가 안 된 것이다. 떨어져 있다고 해서 별개의 존재는 아니다. 다만 그렇게 느낄 뿐이다.

생애 후반에는 내 사랑의 자장 안에 있는 사람과 자장을 벗어난 사람을 구분해야 한다. 우리는 인류를 사랑하라는 소명을 받지 않았다. 서로 사랑하는 것은 나의 자장을 두 배로 하는 것으로, 곧 인류 사랑이다. 멀리 있는 가족보다 가까운 이웃이 더 좋은 이유다. 성숙한 사회에서 '피는 물보다 진하다'라는 말이 통용되지 않을 것이다. 피보다 더 진한 것은 한 점에서 만나는 사랑의 교감이다.

내가 누구를 사랑하더라도 사랑의 깊이는 다 다르다는 것도 받아들여야 한다. 역삼각형에서 아래로 내려오는 내 점에서 상대의 점과의 거리는 모두가 다르기 때문이다. 모든 사람을 똑같이 사랑해야 할 의무가 우리에게는 없다. 영혼의 벗은 함께 내려와 함께 한 점에서 만난 사람이다.

인류의 기원은 아담과 하와까지 거슬러 올라가고, 아담과 하와는 한 분의 존재에서 합쳐진다. 사람들은 각자 사랑의 몫을 나누게 마련인데, 사랑에 울고 웃는 것은 자기 감정에 속는 것이나 다름없다. 사랑은 감정의 동요가 아니라 그윽한 향기와 기다림이며, 때로는 격한 혼란이기도 하다.

사랑의 질은
삶의 질이다

생애 후반에는 부부 관계가 이전과는 다르게 느껴지고, 또 그래야 한다. 여전히 예전의 부부 관계에서만 사랑을 느끼는 일은 불가능하다. 가능하다면 그것은 사랑이 아니라 퇴행이다.

부부는 각자 자기의 깊이에 이르면서 사랑을 재정립해야 한다. 애틋한 사랑이 아니라 한 점을 지향하는 인내심의 사랑이어야 한다. 부부가 함께 여가생활을 공유하는 일은 한 점으로 내려오는 일을 촉진한다.

나는 상담 현장에서 '함께할 여가생활이 없다'는 부부의 하소연을 많이 듣는다. 그렇다고 상대방을 원망하지는 말라. 원망이 내놓는 것은 원망의 증폭뿐이다. 모든 부부는 각자의 때에 따라서 한 점으로 내려오게 되어 있다.

자기의 깊이에 이르지 못한 사람은 아가페 사랑을 실천하지 못한다. 아가페 사랑은 내 것을 상대에게 다 퍼주는 사랑의 감상주의가 아니다. 사랑의 깊이에 먼저 들어가 상대를 인정하고 기다리는 인내심을 말한다. 신의 사랑이 아가페라는 것은 신이 한 점 자체이기에, 더 이상 깊어질 수 없는 곳에서 우리를 기다리는 분이시기에 그렇다. 성경에 이런 구절이 있다.

"남자는 아버지와 어머니를 떠나, 아내와 결합하여 한몸을 이루는 것이다." - 〈창세기〉 2:24

한몸을 이룬다는 것은 일원론적 세계관을 가진 히브리인이 자손이 번성하기를 바라는 표현이다. 한편 히브리인은 객관적 사실에 담긴 진실을 더 중요하게 여기는 민족으로, 소수의 히브리인은 위 구절을 한 몸으로 표현된 정신적 사랑으로 읽었을 것이다. 그들은 한 존재에 이르기까지 이 땅에서는 사랑의 순례자다.

지구상에 태어난 모든 사람의 육체는 흙으로 돌아간다. 플라톤 철학의 이데아를 논하지 않아도, 인간의 정신도 한 존재에 이른다. 유물론자는 없다. 그들은 단지 유물론자라고 말만 할 뿐이다. 그들도 위기가 닥치면 전능자에게 기도한다. 그들도 자신의 한계를 넘은 어떤 힘의 존재를 인식한다. 그들도 사랑이 인류의 최고의 덕목이라는 것을 인정한다. 사랑을 나누는 일은 신성을 나누는 일이다.

유물론자가 신성을 부정하는 것은 신성 자체를 부정하는 것이 아니라, 유신론자들의 저급한 '신성 이미지'를 부정하는 것이다. 대표적 유물론 철학자인 칼 마르크스의 이상 국가는 신성 국가다.

니체는 "신은 죽었다"라고 했다. 그가 말하는 신은 당시 유럽

의 교리와 제도로 규격화된 신이다. 스스로 존재하지 않고 종
교를 위해서 존재하는 신에게 니체는 사형을 언도했다.

다양성은 사랑의 표현 방법이 다른 것이지, 틀린 것이 아니
다. 삶의 질은 사랑의 질에 달려 있다.

우울증은 어떻게
성장통이 되는가

어느 겨울날, 겨우살이 할 양식을 비축해놓은 원시인에게 할 일이 없어졌다. 일이 없어지니 생각이 많아졌다. 정신 에너지가 안으로 모이면 우울 증상이 일어난다. 원시인은 잠시 일이 없어진 시간에 마음 여행을 하면서 자신의 잠재력을 만난다. 인류가 가장 먼저 앓은 마음의 병, 즉 우울증은 성장통이다.

의식적 차원에서 우울증은 삶의 무의미성 때문에 오지만, 무의식에서는 지금보다 더 성장하려는 욕망에서 비롯된다. 우울증은, 현실이 의미가 없어지고, 새로운 것은 아직 오지 않아서

오는 마음의 방황기다. 모든 방황기가 그렇듯이 우울증에는 반
드시 메시지가 있다.

나이를 먹으면
우울해지는 이유

2018년 기준으로 한국은 인구 10만 명당 자살자 수가 26.6명
으로 OECD 회원국 중에 1위다. 자살자의 대부분은 우울증
환자다. 좁은 땅덩어리에서 먹고살려니 힘이 들어서 그렇기
도 하지만, 그만큼 한국 사람들은 내적 성장에 대한 열망이 크
다고도 볼 수 있다. 존엄하게 살 수 없으니 차라리 자살을 선
택한 것이다. 병리적 우울에서 건강한 우울로 나오는 데 실패
한 것이다.

우울증은 우울한 정서가 성격의 일부가 된 사람부터 약으로
관리를 해야 하는 지경까지, 그 층이 다양하다. 성장과 변화의
욕구가 큰 생애 후반에는 우울증이 꼭 찾아온다. 지금 이대로
마냥 좋은 사람들은 성장을 포기했으니 우울증이 오지 않거나
한참 뒤에 올 수 있다. 정말 걱정스러운 것은 우울증이 아니라,
세상이 너무 행복해서 우울증을 모르는 사람들이다. 그들의 성

장 시간은 멈춰 있다.

정신분석학자 멜라니 클라인Melanie Klein은 정신치료를 '박해
적인 환상에서 건강한 우울증, 즉 자아가 감당할 수 있을 정도
의 우울증 수준으로 끌어올리는 것'이라고 했다. 어느 정도는
우울해야 자신을 살피고 타인에 대한 배려도 생겨 건강한 인간
관계를 할 수 있다는 것이다.

당신이 우울한
세 가지 이유

우울증은 크게 세 가지로 나눌 수 있다.

첫째, 과거의 역사를 가진 우울증이 있다.
어린 시절에 학대를 받거나 무관심을 당하거나 죄책감에서
나오지 못해 생긴 우울증이다. 이들에게 우울은 인격의 일부
가 되어 예술적 능력으로 승화되기도 한다. 톨스토이는 자신
의 우울과 싸우면서 위대한 소설을 썼고, 말년에는 방랑 생활
을 하며 자신의 사상을 완성시켜 나갔다. 고흐도 정신분열증으
로까지 확대된 우울증과 싸우면서 위대한 예술품을 창조했다.

여기에 속한 사람들은 정신병 수준의 우울증에 걸릴 확률이 상대적으로 높다. 갑자기 학교를 자퇴하거나 직장을 사직한다. 적절한 치료를 하지 않으면, 기분을 상승시켜 우울을 방어하려는 조울증에 걸린다. 조울증은 정신분열증의 증상을 동반하기도 한다. 그때부터 환자는 고통을 가족과 공유한다. 한 사람이 정신병에 걸리면, 가족 모두가 그 짐을 함께 진다.

이 경우에 가족에게 주는 성장의 메시지를 읽어야 한다. 그렇다고 가족이 잘못 살아왔다는 것은 아니다. 운명처럼 다가온 것은 운명으로 받는 것이 최선이다. 운명은 이성의 한계 밖에 존재하기에 이성으로 따지는 것이 아니다. 그 기간에는 고통스럽지만, 시간이 지난 후에 가족은 그 메시지를 정확히 읽게 될 것이다.

둘째, 원인이 분명한 우울증이 있다.

직업상 스트레스를 많이 받았다던가, 해결하지 못한 분노나 불안이 누적되었다던가, 감당할 수 없는 엄청난 위기를 경험했다던가, 이러한 부정적인 감정이 쌓이면 자신도 모르게 서서히 무기력에 빠지면서 우울해진다. 평소에 자신을 너무 억압하지 말아야 한다. 억압된 것은 풀어질 방책을 기다린다. 이분들은 좀 더 많이 표현해야 하고, 경우에 따라서는 '될 대로 되라' 식의 배짱도 필요하다. '될 대로 되라'는 되어야 하는 방법으로 되는 것으로, 잘된 것이다. 이 부류에 속하는 사람이 출구를 찾지 못하면 급성 자살 충동이 일어날 수도 있다.

셋째, 생애 중요한 전환기에 성장통으로 나타나는 우울이다. 성장은 익숙한 세상에서 나와 새로운 세상으로 진입하는 것을 말한다. 지금은 익숙한 것에 있고, 새로운 것은 아직 오지 않았다. 이 혼란기에 현실에서 철수하고 싶어진다. 성장통으로서 우울증은 다른 사람들에게 도움받을 것이 별로 없다. 자신의 가능성과 잠재력을 믿고, 바라고, 견뎌내고 기다리는 것이 최고의 치유책이다. 만 3세, 사춘기, 중년기, 노년 초기에 이러한 우울 증상이 오는 것은 이상하지 않다.

우울증을 대하는
세 가지 자세

우울증은 결과가 아니라 통과의례다. 우울은 정신 에너지의 낙차를 만들어 삶을 역동적으로 만들기도 한다. 우울증은 의지와는 상관없이 나를 찾아온, 잿빛으로 가장한 천사다. 제발 우울증에 걸린 사람에게 그의 의지를 탓하지 말라. 이런 원리에 입각해서 우울증에 대한 대처 방안을 제시하겠다.

첫째, 우울은 올 것이 온 것이니 그대로 받아들여라.
우울은 시간이 지나면 반드시 좋은 것을 남기고 지나간다는 믿음을 가져라. 우울을 피해 도망가면 조증도 온다. 레저 활동이 일순간의 위로는 줄 수 있지만 거기에 치료를 기대하지 말라. 우울은 당신이 우울해지기를 원한다. 우울증에 대한 지적인 원인 분석은 치료에 별 도움이 안 된다. '살다보니 이런 감정의 곡선을 다 겪는구나' 하고 수용하는 법을 배우라. 받아들인 우울증은 더 이상 우울증이 아니다. 우울은 깊은 고요와 평화로 당신을 보상한다. 반면 우울을 거부하면 분노를 일으키고, 분노는 무기력에 빠지게 한다.

둘째, 내가 잘하거나 좋아하는 것을 찾아보고, 그것을 하라.
어떤 사람은 좋아하는 것도 잘하는 것도 없다고 하는데, 찾지 않아서 그렇다. 찾아보면 누구나 다 있다. 그것을 하라. 하다보면 그것에 빠진다. 멍 때리는 게 좋으면 멍을 때려라. 정신분열증 환자인 뉴턴은 사과나무를 멍 때리고 바라보다가, 떨어지는 사과를 보고 만유인력의 법칙을 발견했다. 아니면 북한산이라도 열심히 올라라. 내담자 중에 한 사람은 40대 중반에 우울증에 불면까지 겹쳐 자살을 시도하려다가, 잠든 처자식을 보고 이대로 죽을 수가 없어서 주야장천 매일 북한산만 올랐다고 한다. 몸이 피곤하니 잠이 잘 왔고, 정신이 맑아져 삶의 의욕이 생겼고, 곧 사업 아이디어가 떠올라 지금은 성공했다.

셋째, 영적 처방이다. 본래 사람은 지고한 평화 안에 존재하는 빛이다. 지금은 잠깐 외부 세계에 노출되어 낯선 감정에 빠져 있다. 낯선 감정은 본래 내 것이 아니다. 내 것이 아닌 감정에 좌지우지 당할 수는 없다. 낯선 감정에서 벗어나려면 참된 자기와 만나야 한다.

참 자기는 인생의 모든 것, 심지어 쓰레기라 하는 것도 어느 하나 버릴 것 없는 내 삶의 퍼즐 조각이었음을 깨닫게 해준다. 참 자기는 있어야 할 것과 없어야 할 것, 좋은 것과 나쁜 것을 구별하지 않고, 모든 것이 내게 유익하다는 것을 각성시킨다. 꾸준한 명상과 영적 독서는 참 자기를 만나게 해준다.

게임을 버리고
놀이를 하자

내담자들의 이야기를 들으면 누구 하나 평범한 인생이 없다. 다 박경리의 대하소설《토지》다. '이 사람의 인생은 잘 풀렸구나' 하는 사람이 있고, '어쩌면 이 사람의 인생은 이리도 풀리지 않았을까' 싶은 사람도 있다. 잘 풀렸다는 것은 현재가 만족스럽다는 것이고, 풀리지 않았다는 것은 현재가 불만족스럽다는 것이다.

어쩌면 이렇게도
안 풀리는지

워낙 내성적인 데다가 어린 시절에 부모가 이혼을 해서 고등학교 졸업할 때까지는 좋은 기억이 별로 없는 중년 여성이 있었다. 고등학교 3학년 때 단짝 친구를 만나 성격이 변하기 시작했고, 직장에서는 자신을 아낌없이 사랑해주는 배우자를 만나 소위 '인생이 피기' 시작했다.

그녀에게 20대 이전 시기는 꿈에 저승사자가 자주 나타날 정도로 끔찍했지만, 20대 이후에는 그런 꿈이 감쪽같이 없어졌다. 비록 20년을 죽은 듯 살았지만 인생을 다시 산다면, 같은 인생을 선택할 거라고 했다. 현재가 만족스럽다는 것이다.

부족한 것 하나 없이 부유한 가정에 태어난 중년 남성이 있다. 그 시절 그는 대학을 자가용으로 통학하는 몇 안 되는 사람이었다. 워낙 누리면서 살아온 그는 직장에 적응하지 못하여 사업을 시작했으나, 벌이는 사업마다 실패하여 부모의 부동산만 야금야금 까먹고 말았다.

겨우 부모의 노후 자금만 남겨놓고 나서야, 한국에서는 창피해 못살겠다며 미국으로 이민을 갔다. 평생 안 하던 육체노동을 해야 했고, 무너진 환경에 가족 관계도 소원해졌다. 이 남자는 20대 이전에는 행복, 그 이후에는 불행이 극명한 인생 구조를 가졌다. 이 남자가 자기애가 남다르기는 했어도 성실함과 인내심은 있는 편이었다.

"어쩌면 이렇게 안 풀리는 인생도 있는지!"

나는 그의 이야기를 들으며 내 안 풀리는 이야기가 겹쳐졌다.

"안 풀렸다고 잘못 산 것은 아니다."

그가 나를 찾은 이유는 인생에서 정말 중요한 것이 무엇인지 탐색하는 일에 도움을 받기 위해서다. 그는 한국의 상류 생활, 그리고 재미 동포의 하류 생활을 오간 소중한 인생의 자산을 가지고 있다. 인생을 깊이 들여다볼 때가 온 것이다. 오랜 방황과 방랑의 시절이 있었기에 이때가 온 것이다. 그의 인생을 통째로 사랑하고 수용해야 하는 깨달음의 문턱에 와 있다. 그는 이런 말을 남겼다.

"인생은 한 판 놀이였군요. 그런데 나는 게임으로 알고 살아왔으니……."

내가 말했다.

"사람이 게임에 중독되는 것은 게임의 아이템과 레벨을 진짜로 알고 착각하기 때문입니다. 게임 서버에서 빠져나오면 다 없어지는 것을. 사람이 인생에 중독되는 이유는 인생의 아이템과 레벨을 진짜로 착각하기 때문입니다. 인생 서버에서 나오면 다 없어지는 것을."

인생이 딱
오늘 하루라면

게임을 하는 사람은 긴장하고, 놀이를 하는 사람은 즐겁다. 초등학교 때 학교 운동장에서 축구를 하던 기억이 생각난다. 운동 신경이 둔한 나는 그 열등감을 보상하기 위해 더 열심히 뛰어야 했고, 이겨야 했다. 나에게 축구는 놀이가 아니라 게임이었다. 이기면 좋았고 지면 나빴다. 인생도 게임이면 그렇게 감정의 굴곡을 만들고, 감정의 굴곡은 인생 자체의 굴곡이 된다. 무엇엔가 속고 있는 것이다.

　나만큼이나 축구를 못 하던 친구도 있었다. 그는 놀림 받을 때도 있었지만 축구가 마냥 즐거운 소년이었다. 축구 하자고 하면 제일 먼저 운동장에 나가 몸을 풀었다. 그는 게임이 아니라 놀이를 한 것이다. 같은 팀원들에게 핀잔을 듣기도 했지만,

나 같으면 자존심이 상했을 텐데 그에게는 핀잔 듣는 것도 놀이였다. 어떤 때는 실력 이상의 기량이 나오기도 했다. 진정한 실력은 놀이에서 나온다. 예체능계 입시 오디션에서 놀이를 하는 사람은 자신의 잠재력을 다 보여줘서 합격하고, 입시 게임을 하는 사람은 긴장하여 잠재력을 절반도 보여주지 못해 떨어지지 않던가.

인생은 한 판 윷놀이다. 자기 말과 판을 가지고 놀다가 해가 지면 집으로 돌아가야 한다. 윷놀이는 재미있고, 윷판의 사람들과 관계도 증진된다. 내기로 하는 윷놀이에서는 울거나 웃어야 하고, 집에 돌아가서도 그 여운에 영향을 받아 쉬지를 못한다. 그가 윷을 노는 것이 아니라, 윷이 그를 가지고 논다. 게임에는 항상 굴곡이 있으니 인생에도 항상 굴곡이 있다.

죽음을 맞이하는 사람은 격한 심리적 변화를 겪는다. 그 중 최종 단계는 '나는 죽는구나' 하는 것을 매우 평안한 마음으로 받아들이는 수용의 단계다. 사람에 따라 이 단계가 길거나 아주 짧을 수가 있다. 길면 긴 유언을 하여 자신과 가족을 준비시키나, 짧으면 급히 무의식 상태로 들어간다. 그래서 죽은 사람의 얼굴은 매우 평온해보인다.

여기서 매우 소중한 인생의 지혜를 발견할 수 있다. 수용의 과제를 마치고 이 세상에 눈을 감듯이, 이 세상을 수용으로 살 수만 있다면 그는 모든 것을 얻는 사람이 된다.

"오늘 하루가 삶의 마지막 날인 것처럼 살아라."

이 말은 인류의 오래된 잠언이다. 사람은 왜 괴로운가? 내일이 있기 때문이다. 가진 것 없는 사람은 내일의 결핍을 걱정하고, 가진 것 많은 사람은 내일 해야 할 관리를 걱정한다. 수용이 안 된다. 만일 아침에 일어나서 하루살이 인생이 시작되고 잠자리에 들면 죽는다고 생각해보라. 하루로 끝나는 인생이니 수용 못 할 것이 없다. 그는 하루를 살고 죽고, 다음 날 또다시 새로운 하루살이를 시작한다.

예수님은 "하루의 괴로움은 하루로 족하다. 내일의 괴로움은 내일이 하게 하라"라고 했다. 죽었던 어제의 일을 오늘로 가지고 오고, 오늘 죽을 일로 내일을 걱정하면 인생에 쉴 날이 어디 있겠는가? 그것은 사는 게 아니라, 삶에 농락당하는 거다.

인생은 게임일까
놀이일까

게임에서 상대는 적이지만, 놀이에서 상대는 파트너다. 게임에는 전략이 있고 놀이에는 흥이 있다. 프로이트 이론에서 신경증은 놀지 못해서 생긴 마음의 병이다. 프로이트의 부모가 결혼할 당시 엄마는 19살의 초혼이었고, 20살 연상인 아버지는 세 번째 결혼으로 장성한 두 아들이 있었다. 프로이트는 할아버지 같은 아버지, 아버지 같은 형들 틈에서 생존 게임을 해야 했다.

유대인인 그는 장성한 뒤에도 유대인 차별주의와 맞서야 했다. 그것이 그를 위대한 심리학자로 만들었지만, 그가 진정으로 행복한 시기는 아마도 게임이 놀이로 전환되었을 때였을 것이다.

반면 정신분석학자 도널드 위니콧은 그의 심리학에서 '놀이'를 매우 중요한 요소로 둔다. 그는 놀이는 정신치료 자체이고 창조와 촉진적 인간관계의 산실이라고 했다. 심리학도 게임이 아니라 놀이인 그는 그만의 독창적인 정신분석 개념을 창조했다. 그는 자기 글을 다른 사람의 글과 비교하면서 조심스럽게 쓰는 사람이 아니라, 다 쓰고 나서 내 글이 다른 사람의 글과 어떻게 다른지 살폈다고 한다.

게임에서 주 타깃은 대상이지만, 놀이에서 주 타깃은 자기다. 그는 죽으면서도 "생생히 살아있기를 원한다"는 말을 남길 정도로, 지금 이 순간을 사는 사람이었다.

그래도 생애 전반기에는 게임을 해야 하는 것이 인생의 거대한 흐름이다. 당신이 선각자로 부름받지 않았다면 이 흐름을 타야 사회적 페르소나를 얻는다. 생애 후반에는 누구나 선각자가 되어야 사는 게 진실로 사는 것이 된다. 그러려면 게임을 버리고 놀이를 하라. 놀이에서 놀잇감은 문제가 되지 않는다. '어떻게 노는가'와 '누구와 노는가'가 중요하다.

놀잇감에 인생의 희비를 걸다가 세상을 떠날 때가 되었다면 얼마나 억울할 것인가. 인생은 산 날수만큼 매일매일이 환생이다. 전생은 죽은 것이고 후생은 아직 오지 않았다. 오늘 하루의 생을 살아라.

환경은 탓하는 것이 아니라
받아들이는 것이다

탁한 기운이 있고 맑은 기운도 있다. '기운 기'에 '돌 운'을 쓰니 기운氣運은 '기의 순환'을 말한다. 기운이 원활히 순환되면 머물러 탁해질 이유가 없으니, 기운은 맑아지고 기분은 덩달아 좋아진다. 반면 기운이 돌다가 한 지점에서 막히면 순환이 잘 안 될 뿐만 아니라, 막힌 그곳에 퇴적물이 쌓여 탁한 기운이 된다. 기분도 나빠진다.

사람이 지금 어떤 생각을 하느냐는 그의 기운과 관계가 있다. 걱정, 화, 슬픔, 원망 등은 탁한 기운에서 나온다. 평화, 안정, 기뿜, 즐거움 등은 맑은 기운에서 나온다.

인간은 환경을
선택할 수 있다

기운은 꼭 심리적인 것만은 아니다. 환경에도 많은 영향을 받는다. 몸이 아픈 사람은 환경도 덩달아 나쁜 것이 되니, 맑은 기운이 나오기는 쉽지 않다. 아무리 마음 관리를 잘한다고 해도 자극을 주는 환경에서 기운은 탁해질 수 있다. 실은 탁한 것이 아니라 다른 것이다. 내가 지금 이 순간에 받아들이지 못해 탁한 것으로 만들어 분리해버린 것이다.

기운과 환경은 상호 작용한다. 암 진단, 부도, 실직, 실수나 실패, 비난받는 일 등이 생기면 생각은 전진하지 못하고 정지하거나 뒤로 후퇴한다. 몸의 증상은 편두통, 불면, 찌뿌둥함, 특정 부위의 통증 등으로 나타난다. 정신과 몸에 탁한 기운이 돌아 암과 각종 질병의 원인이 된다. 실은 다른 기운을 스스로 탁한 기운으로 만들어 병을 키운 것이다. 다른 기운을 받아들이지 못해 탁한 기운이 된 것이다.

만일 우리가 자기 의지대로 좋은 환경을 창조할 수 있다면,

탁한 기운 때문에 괴로울 필요는 없다. '환경이 환경을 만든다' 라는 말은 어느 정도 사실이다. 인간에게는 마법사처럼 환경을 자율적으로 만들 수 있는 능력이 없다.

누구나 좋은 환경을 원하지만, 누구나 좋은 환경에 있는 것은 아니다. 우리는 내 의지와는 상관없는 환경에서 태어나고, 성격과 정서의 기초가 형성되는 생애 중요한 시간은 타율적 환경에서 보낸다. 이 말은 인간이 환경의 패배자가 아니라, 환경을 스스로 재건해야 할 책임적 존재라는 것이다.

탁한 기운을 맑은 기운으로 바꾸려면

어린 시절에 엄마와 아빠 사이에 싸움이 잦아 그 사이에서 불안해하면서 자란 청년이 있었다. 그는 직장생활에 적응을 못하고 여러 번 이직을 하다가, 아예 집에 들어앉게 되었다. 한 1년을 그렇게 희망 없이 보내다가 그는 본격적으로 부모를 원망하기 시작했다.

"엄마와 아빠 때문에 내가 이렇게 됐어."

그가 유일하게 생기가 도는 순간은 어린 시절에 억압된 분노를 부모에게 퍼부을 때다. 반성하면서 참을 때까지 참아온 부모도 같은 응답을 했다.

"할머니 할아버지 산소에 가서 원망해. 나도 부모 때문에 너를 그렇게밖에 못 키웠어."

가족에는 탁한 기운이 돌았다.

환경으로 인한 탁한 기운을 맑은 기운으로 바꾸는 유일한 방법은 환경을 바꾸는 일이 아니다. 평생을 환경을 바꾸는 일에 헌신해도 환경은 늘 불평을 만든다. 지구의 육지와 바다, 신체의 살과 수분의 비율은 3:7이다. 부부심리학자 존 가트맨John Gottman의 임상실험에 의하면 부부가 서로 대화로 타협할 수 있는 것과 없는 것의 비율을 3:7이라 했다. 이 비율은 굳이 임상실험을 하지 않아도 다양한 곳에 적용이 가능하다고 본다.

나의 오랜 심리치료 경험에 의하면, 인생에는 자기 힘으로 어찌할 수 없는 타율적 환경이 70퍼센트는 된다. 자의로 개선할 수 있는 환경은 30퍼센트 정도다. 타율적 환경은 받아들임으로 스스로 만든 자율적 환경이 된다. 내가 선택한 것이라면 받아들이기가 훨씬 쉽다. 생애 초기부터 지금까지 70퍼센트의 타율적 환경을 내가 선택했다고, 그 운명론적인 것을 자율적 환경으로 받아들인다면 탁한 기운에서 맑은 기운이 나올 것이다.

앞에서 말한 청년은 상담 중에 깨달았다. 어린 시절에 부모가 자주 싸우신 것은 충분한 이유가 있었다는 것을. 부모를 이해하게 되니 부모에 대한 원망이 사라지고, 자신에 대한 원망도 사라졌다. 청년은 불안에 대한 방어기제를 내려놨다. 청년은 타율적으로 주어진 과거, 그리고 현재의 환경을 받아들일수 있었다.

나이 20대의 청년이 모든 것이 한 번에 다 좋아진 것은 아니다. 그러나 이전보다 마음은 편해지고 직장을 구하는 일에 적극적으로 임했다. 가족에 맑은 기운이 돌았다. 탁한 기운에서맑은 기운이 나온 것이다. 기의 순환작용이 일어난 것이다. 직장생활을 하면서 또다시 나쁜 기운이 나올 수도 있으나, 인내심을 가지고 버티면 거기서도 맑은 기운이 돌 것이다.

보통의 평범한 환경이
중요하다

불교에서 말하는 무아無我는 자아를 공空으로 하여 어떤 환경으로부터도 자유롭게 한다. 공은 모든 것을 수용하지만 내 것으로 만들지 않은 충만한 상태를 말한다. 기독교에서는 십자가를 진다. 십자가는 무겁게 지고 가지만 무거움만큼 비움이 일어나 충만해지는 역설의 진리를 내포하고 있다.

종교로 맑은 기운을 만들려는 시도는 종교의 탄생과 함께 있었다. 종교는 그런 원리를 도그마로 제시하지만, 거기에 이르는 구체적인 길은 추상적이고 관념적이다. 누구에게나 열려 있지만 아무나 도달할 수 있는 것으로 보이지 않는다. 그래서 종교 제도와 성직 계급, 그리고 신학이 생긴 것이다. 단번에 그 원리를 깨달은 극소수의 사람도 있는데, 그들은 인류의 위대한 영적 스승이 되고 있다. 그렇지 않은 다수의 사람들은 종교 안에서 연대감을 가지고 살아가는데, 이 또한 종교가 제공하는 맑은 기운이다.

심리학은 중간쯤에서 타협안을 제시한다. 영국의 정신분석학자 도널드 위니콧은 촉진적 환경은 인간을 성장시키고, 마음의 병도 치유한다고 했다. 심리치료 과정은 치료사와 내담자가 함께 만들어가는 촉진적 환경이다. 치료는 둘의 상호작용으로 만든 촉진적 환경이 한다. 그가 말하는 촉진적 환경이란 '보통의 평범한 환경'을 말한다.

'서로 다른 것 사이에 적당한 긴장감'은 살면서 늘 있다. 지나치게 좋은 환경이나 지나치게 나쁜 환경은 없다. 단지 그런 상상을 할 뿐이다. 막상 그 환경에 들어가면 환경은 나와는 구별된 외부의 상태일 뿐이다.

환경에 대한 지나친 기대가 절망을 가져온다. '보통의 평범한 환경'을 기대했다면 절망은 없다. 그런 환경은 얼마든지 자율적으로 만들 수 있고, 언제나 내 마음 자세가 중요하다. 하늘이 무너져도 솟아날 구멍이 있는 것은 '보통의 평범한 환경'을 말한다. 신이 인간에게 주신 공평하지만 위대한 선물이다.

나는 즐거운 일이 없어서 인생이 괴롭다는 내담자들을 만난다. 그들은 대부분 환경을 탓한다. 그들은 자기를 환경과 동일시한다. 그들이 말하는 좋은 환경은 없거나 아주 작은 순간에 불과하다. 그 아주 작은 순간만 제외하고는 인생 전체가 불행한 거다. '그래도 나는 복이 많은 사람'이라고 하면서도 괴로운 이유는, 스스로 나쁜 환경을 분리해내고 거기에 자기를 동일시하기 때문이다.

복은 받았지만 그들의 몸과 마음에는 탁한 기운이 돈다. 그들이 배워야 할 것은 대대적인 환경의 개선이 아니다. 초콜릿 한

조각으로도 기분이 좋아질 수 있다는 것, 친구와 전화 한 통화만 해도 즐거울 수 있다는 것, 가벼운 산책만으로도 의욕이 생길 수 있다는 것, 1시간의 독서로도 마음이 정화될 수 있다는 것을 배워야 한다. 에덴동산과 열반은 사람이 가 닿을 수 없는 이상화된 어떤 곳이 아니다. 바로 지금 이 순간에 접할 수 있는 '보통의 평범한 환경'이 에덴동산이고 열반이다.

신은 에덴동산과 열반을 우리 집 거실에 뒹굴게 했다. 그곳은 맑은 기운의 발산지다. 그러나 에덴동산에도 뱀이 있었듯이 맑은 기운 안에는 탁한 기운이라 할 수 있는 다른 기운이 있다는 것을 유념하라.

사람으로 태어나
못살 게 뭐 있냐

본래 기운은 맑다. 어린아이가 잠에 취해 있는 것은 그가 떠나온 본래의 맑은 상태를 한동안 유지하고 싶어서다. 어린아이는 세상살이를 위해 서서히 세상으로 나와야 하고, 본래 맑은 기운에 계속 머물고 싶어서 탁한 기운이란 것을 만들어 분리시켰다. 탁한 기운은 다른 기운을 내가 탁하게 만든 것이다. 사랑 자체이신 신은 당신의 자녀에게 탁한 기운을 주지 않는다.

당신이 경험하는 탁한 기운, 그것은 다른 기운으로 지금까지 내가 붙들고 살아온 메시지와는 다른 메시지를 가지고 있다. 다른 기운이 온 것은 다르게 살 때가 되었다는 것을 친절하게 가르쳐주는 것이다. 다르게 살기 싫어서 탁하게 만들어 분리해 버리고 싶은 것이다.

어느 날 탁한 기운이 들어와 나를 어지럽혔다. 그순간 카카오톡으로 유튜브 링크를 받았고, 나는 거의 반사적으로 손가락으로 눌렀다. 법륜 스님의 법문이었다.

"잠자리도 잘 살고, 메뚜기도 잘 살고, 토끼도 잘 사는데, 사람으로 태어나서 못 살 게 뭐 있냐!"

내 마음에 맑은 기운이 돌았다.

내가 선택한 것만 나의 태도가 된다

: 내 인생을 주체적으로 살기 위한 원칙

낯선 것을 만나면
과감히 경험한다

그 친구를 볼 때마다 누구보다 열심히 살고 있다고 생각했다. 아직까지 정정하게 몸 쓰는 일을 하고, 자기가 하는 일을 다른 사람과 비교하며 열등감을 가지는 그런 사람은 아니었다. 가정에 충실했고, 그것이야말로 남자의 큰 의무라고 생각했다.

힘들 때는 힘들다고 큰소리로 떠들 줄도 아니 자기감정을 억압하기만 하는 샌님 같은 사람은 아니었다. 그 말을 듣고 누가 '도와줄까'하고 물으면 몸을 좌우로 비틀며 수줍어하며 말한다.

"아니야, 괜찮아. 난 아직은 건강해. 내 일은 내가 할 수 있어."

딴생각이 필요한
시기가 있다

어느 날, 그가 내게 다가와서 말했다.

"친구가 심리 상담을 하니 내 마음을 이해해줄 수 있겠지. 하고 싶은 말이 있어. 언제 시간 되면 전화 한번 할게."

언제 한번 전화한다는 것은 사실 기약 없는 약속이다. 그래서 나는 할 이야기가 있으면 지금 말하라고 했다. 그랬더니 "실은……" 하다가 "별 것 아니야"로 말을 바꾸었다. 말하고 싶지 않은 거다. 공개석상에서 말하지 않은 것을 사적으로 말하는 것을 남자들은 자존심 상해한다. 용기가 생겼을까. 그는 큰 결심이라도 한 것처럼 지하철 승객들이 다 들을 정도로 쩡쩡한 소리로 말했다.

"나 지금까지 정말 모범생으로 살아왔어. 돈 걱정은 했지만 열심히는 살아왔어. 그런데 모범생으로 사는 게 좋은 것만은 아니야."

그 정도 말해놓고, 그게 뭐 대단한 비밀이라고 말을 다른 곳으로 돌렸다. 친구들은 그가 열심히 잘 살고 있는 줄로 생각하고 있었는데, 자기에 대한 친구들의 생각을 바꾸어주고 싶지 않았던 거다. 그는 나의 이해를 기대했을까. 한번 열린 사나이 입, 그는 조금 더 열었다.

"요즘 내가 딴생각을 하고 있어."

이 말만 겨우 했다. 이 정도라도 자기의 속마음을 이야기했고, 들어준 사람이 있었다는 것에 만족하고 싶었던 거다.

딴생각이라? 지금까지 모범생으로 살아온 그가 가진 딴생각은 모범생이 아닌 생각일 거다. 나이 50대 중반이 되어서 딴짓이 무엇일까? 사람이 일생을 살아가면서 얼마나 많은 일을 만나게 되는데, 모범적으로만 사는 것은 가능하지 않다. 모범적으로 살고 있다고 자위하는 것일 뿐, 그것은 오히려 그의 무능을 말해줄지도 모른다.

딴짓이 아니라
출발점이다

사람의 몸과 마음의 구조는 열심히만 살도록 만들어져 있지 않다. 하나를 열심히 하면 다른 하나는 열심히 못 하게 마련이다. 모범생으로 열심히 살아왔다면 모범생이 아닌 것은 그의 무의식에 억압되었을 것이다. 그가 내게 할 말이란 '억압된 그것'이었다.

"나 지금까지 직장과 가정에 헌신했어. 그런데 이제는 나를 위해서도 살고 싶어."

아마 이런 말을 하고 싶었을까? '나를 위해서 산다'는 것이 그에게는 너무 이기적으로 느껴졌던 것이다. 세상에는 이기적으로 보이지 않는 세련된 이기주의자가 얼마나 많은데, 친구는 순수했다.

그는 그만의 원칙에 손을 댈 때가 온 것이다. 시간을 지체하면 억압한 것이 한꺼번에 몰려나와 그를 터지게 할 것이다. 그는 더 이상 속엣말 하는 것을 주저했고, 나는 묻지 않았다. 남자들은 자신의 신념과 관련된 부분에서 미주알고주알 말하지 않으려 한다. 그러면 그 신념을 세우느라고 억압된 것도 함께 드러나기 때문이다. 나는 지하철 좌석에서 혼잣말처럼 그에게 중얼거렸다.

"무너지는 모든 것은 무너질 때가 된 것이고, 파괴 없이 새로운 건설은 없다네."

무슨 선문답과 같은 말로, 그가 꼭 들으라고 한 말을 아니었다. 그는 나를 쳐다보고는 물었다.

"파괴? 어떻게 알았어?"

그러고는 잠깐 생각에 잠기더니 잔잔한 미소를 지으며 말했다.

"파괴는 아니지. 그런데 나는 왜 그것을 파괴라고 생각하며 지금까지 살아왔을까."

그는 활짝 웃으며 지하철에서 먼저 내렸다.

나는 그의 딴짓이 무엇인지 구체적으로는 모르지만, 그것은 자신을 위하는 일일 거다. 만사 제쳐놓고 히말라야 여행을 나 홀로 떠날지, 가족들의 기대를 저버리고 귀농을 하게 될지, 없던 취미생활을 하게 될지, 아무튼 이전에 안 해본 일들을 해보는 것일 거다. 시간을 지체하면 두려워지거나 용기가 없어져 더 못한다.

중년이라는 시기가
꼭 가을은 아니다

중년 심리학자들은 중년을 가을에 비유한다. 가을이 결실의 계절이듯이 중년인 당신은 살아온 세월만큼 결실이 있다. 그러나 가을은 곧 겨울을 채비해야 한다. 가을 찬바람에 가을은 앙상한 가지를 남긴다.

중년 초기에는 얻은 결실로 만족하지만, 후기로 갈수록 앙상한 가지가 되어 외롭고 고독하고 더 이상의 희망이 없을 것 같아 두렵다. 위로받고 싶다. 그러나 타인의 위로가 위로로 느껴지지 않는다. 위로받고 싶은 만큼 타인을 먼저 위로하고, 나는 내가 위로해야 한다. 세계관을 바꾸어야 할 때다.

그동안 이상으로 삼았으나 실천하지 못했던 '이타적 사랑'에서 보다 현실적인 '자기 사랑'으로 돌아와야 한다. 사람은 자기를 사랑한 만큼 타인도 사랑할 수 있다. 동정과 감정 이입은 사랑의 초입이다. 자신의 존재를 받아들인 사람만이 타인의 존재도 받아들이는 높은 수준의 사랑을 할 수 있다.

인생은 내가 아는 것보다 모르고 맞이해야 하는 것이 더 많다. 나이 들면 경험이 많아져 삶을 더 관조할 수 있다고 생각하지 말라. 두려워하지 말고 경험하라. 경험이 많을수록 더 많은 인생의 과제를 선물로 받는다. 과제를 많이 이행한 학생일수록 삶이 가볍다.

'이런 일도, 이런 감정도 나에게 오는구나.'

적극적으로 해결하기보다 흐르는 대로 내버려두면 일이 일을 해결하는 경우가 많다. 어떤 감정도 내 것으로 만들지 말아야 사사로운 일에 일희일비하지 않는다. 완벽한 청사진을 보면서 앞으로만 가는 것은 로봇이나 할 짓이니, 그 길에 미련을 버려라. 이것이야말로 위대한 딴생각이다.

성장의 중요한 시기에는 파괴와 관련된 꿈을 꾼다. 소중히 여기던 물건이 부서지든가, 멀쩡한 건물이 무너져 내려앉는다든가, 지금 발을 딛고 있는 땅이 무너져 내린다. 그다지 두렵지도 불안하지도 않다. 나는 관조하고 있고 내면에 강한 힘마저 느낀다. 당신의 무의식이 당신의 새로운 출발을 돕겠다는 것이다.

혹은 그런 꿈을 꾸고 불안해하는 경우도 있다. 아직 마음의 준비가 안 되었다는 것이다. 마음이 준비될 때까지 기다리던가, 덜 준비된 상태로 모험을 걸던가, 그것은 당신의 선택이다. 당신이 선택한 대로 무의식은 당신을 돕는다.

지금 당신이 가야 할 길은 항상 눈앞에 있다. 바로 지금 당신은 그 길에 첫발을 내디뎌야 한다.

실패를 두려워하지 말라. 실패를 통하지 않고는 내면의 그림자를 만날 수 없다.

안정적이지 않다고 불평하지 말라. 삶은 불안정할 때도 있다. 다만 안정되었다고 믿고 싶을 뿐이다.

타인의 비난을 두려워하지 말라. 두려움은 아주 낮은 주파수로 당신의 길을 가로막는 가장 큰 적이다. 가다가 넘어지면 다시 일어서면 된다.

나이와는 상관없이 인생은 항상 출발선에 있는 것이나 다름없다. 그것은 딴짓이 아니라 당신이 가야 할 길이다.

외부로 향하는 관심을
내면으로 돌린다

"어느 날 문득 외롭다는 생각이 들었어요. 지난 20년을 함께한 가족들이 남처럼 느껴졌어요. 다들 자기 인생을 살아가고 있었던 거예요."

"오랫동안 함께한 친구들과 만나 수다를 떨었는데, 어느 날 문득 집으로 돌아가는 길에 혼자라는 생각이 들었어요. 우정? 웃기는 소리야. 다들 자기를 위해서 살고 있잖아."

'어느 날 문득'은 외부로 향하던 관심이 자신으로 돌아가면서 나오는 소리다. '어느 날 문득'은 외롭지만 외롭지만은 않은 묘한 기분을 만든다. 가령 처음으로 사춘기에 꺼내들었던 '인생은 무엇인가?'라는 물음을 되새겨본다. 그때는 세상을 향해 던졌으나 지금은 자신에게 묻고 있는 거다. 그때는 상상으로만 즐기면 되었으나, 지금은 현실 검증을 받아야 한다. 그때는 책임을 안 져도 되었으나, 지금은 책임을 져야 한다. 사춘기 이슈들이 구체화되면서 '어느 날 문득'은 희망의 메시지가 된다.

어느 날 문득,
신호가 왔다

하나뿐인 아들을 외국으로 유학 보내기 위해 준비할 때는 몰랐다. 보내고 나니 어느 날 문득 외로움을 느낀 부인이 있었다. "어, 이게 뭐야. 나 이런 사람이 아닌데. 내가 얼마나 낙천적인 사람인데."

외로움의 밀물을 부인은 어찌할 수 없었다. 부인은 예전의 낙천성을 다시 찾기 위해 모든 일을 시도했다. 별 소용이 없었다. 그녀는 '자기 들여다보기'의 터널에 진입한 것이다. 밖은 어둡고 더 이상 흥밋거리가 없었다. 자기에게 볼 것은 무궁무진하다. 자기에서 나오는 빛으로 '어느 날 문득'의 낯선 터널을 통과해야 한다. 그리고 홀로, 함께 존재할 줄 아는 당당한 사람이 될 것이다.

부인의 남편에게도 '어느 날 문득'이 찾아왔다.

"나 봉급쟁이로 아이 유학 보낸 사람이야."

기쁘지만은 않았다. 봉급의 절반 이상을 보내도 모자란 달이 많았다. 아이는 내 사정을 알까? 아이는 둘째 치고 아내는 내 마음을 알까? 아이가 유학 떠나고 나니 기다렸다는 듯이 자기 일에만 빠져 있던데. 사람이 변해도 그렇게 변할 수가!

남편도 위로받을 거리를 찾는다. 남편 역시 '자기 들여다보기'의 터널에 들어선 것이다. 이전에 몰랐던, 알았더라도 내 것이 되지 못한 새로운 세계가 펼쳐질 것이다. 삶은 의문 부호의 수만큼 풍부해진다. 소크라테스는 많은 의문 부호를 가져 지혜에 이르는 산파술을 알아냈다. 배부른 돼지는 의문 부호가 없어 만족스럽지만 새로운 세계는 없다.

성장과 변화의 시점에 엄하게 길든 초자아도 죄책감과 후회로 '어느 날 문득'을 만든다.

"만일 내가 어떻게 했다면, 어떠어떠했을 덴데……."

이런 낯선 감정을 받아들이지 못하는 사람들은 도덕 선생이 되거나 자학을 한다. "너는 더 분발해야 해" 또는 "너는 틀렸어"라고 몰아붙이는 것이다.

'어느 날 문득'은 자기를 타자와 비교하게 한다. 자아는 '그래도 내가 너보다는 잘났지' 하고 타인을 은근히 혹은 강한 어조로 경멸하고 싶어한다. 그러나 무의식에서는 비난의 소리가 들린다.

"나는 왜 이것밖에 안 될까?"

상대가 커 보인다. 타인의 가치를 인정함으로 타인과 관계를 맺을 시간이 온 것이다. 타인의 가치를 인정하는 것은 곧 자기의 가치도 인정하는 것이다. 타인 자체가 아닌 타인이 가진 것의 가치를 인정한다면, 그는 가진 것으로 사람을 평가하는 기준을 가진 것이고 그것은 자신에게도 향한다. 그의 '어느 날 문득'은 우월감이나 열등감일 것이고, 그것은 성장에 도움이 안된다. '어느 날 문득'은 의식이 확장되어야 하는 시기에 자기Self가 자아ego에게 보낸 신호다. 이는 은총이다.

나 대신
노 저어줄 사람

생애 주기에서 최초로 '어느 날 문득'을 경험하는 곳은 유치원이다. 엄마가 없는 낯선 곳에 엄마가 나를 버렸다. '나 홀로' 낯선 상황을 맞이했다.

"어, 내가 공주(왕자)가 아니었구나."

다른 공주와 왕자와 함께 어울리는 법을 배워야 한다. 이 충격이 없다면 아이들은 공주와 왕자로 고착되어 왕과 왕비가 되지 못한다. 무의식적이면서도 본능적인 각성으로 아이들은 왕자와 공주가 아님을 알아가며, 그것은 또래 집단에서 놀이로 표현된다. 그만의 왕궁에 있기를 원하는 아이들은 나가기를 싫어하고 짜증을 낸다. 부모는 아이들에게 '어느 날 문득'이라는 낯선 감정을 느끼게 해주어야 한다.

사춘기에 경험하는 '어느 날 문득'은 자기 스스로 부모를 버려 혼자된 느낌이다. 어른에 대한 강한 적대감으로 스스로 어른 되기를 쟁취하려는 그들은 또래 집단과 강하게 동일시를 한다. 그들은 따돌림당하는 것에 대한 불안과 대책을 가지고 있다. 이때 느끼는 '어느 날 문득'과 거기에 대한 대응 방식이 중년 이전까지 지속되며, 각자의 정체성을 만들어간다. 그러나 그들 부모, 특히 어머니에게 받은 영향은 그의 무의식에 잔존하여 평생 영향을 미친다.

생애 후반기에 찾아오는 '어느 날 문득'은 본인은 그렇게 의식하지 못하지만, 엄마가 사라진 느낌에서 나온다. 그때 느끼는 우울하고 허전하고 그리워하는 낯선 감정의 원인은 외적인 것이라고 착각하지만, 실은 오랫동안 내면화되어 자신을 만들어갔던 어머니의 상실에 있다. 외적 충족은 한시적 위로만 준다는 것을 그들은 경험으로 알고 있다. 내면의 어머니 표상을 버리고, 그와 대응하는 것을 깊은 무의식에서 끌어올려야 한다. 그것은 '모신母神과 같은 것'이 아니라, 삶의 근본을 받쳐주고 양육하는 '모신 자체'다.

내가 태어나기 전부터 나를 뱃속에서 키운 엄마의 영향력은 실로 대단하다. 우리는 그 힘으로 나약한 유년기를 보냈다. 험한 세상에서 모성의 힘으로 청소년기에 꿈을 키웠고 사회의 일원이 되었고 결혼도 했다.

우리는 사고와 감정, 가치관, 인간관계 방식, 성격, 소망 등에서 엄마의 빛과 그림자를 가지고 있다. 생애 후반에는 내면의 엄마를 떠나보내고 유아독존^{唯我獨尊}해야 한다. 엄마를 대응할 외적인 것에서 위로와 안정감을 얻는 일은 필요하지만, 내가 창조한 나의 엄마를 재생산해야 한다.

이러한 분리 작업이 시작된 어느 날 느낀 '어느 날 문득'은 단순히 '홀로'가 아니라 홀로 배를 타고 항해를 해야 하는 느낌이다. 정든 것과 헤어져야 하는 아쉬움이 있고, 낯선 곳을 향하는 두려움도 있고, 자신의 능력에 대한 불안도 있지만, 미지의 세계를 개척해가는 기대감도 크다. 지금부터 당신 스스로 내면의 엄마가 되어 당신의 노를 저어야 한다.

이즈음에 그 누구도, 함께는 가나 기댈 존재는 아니라는 것을 깨닫는다. 대신 노를 저어줄 사람을 찾지 말라. 배우자에게 기대는 것은 배우자에게 모성을 기대하는 것으로 당신 스스로는 어린이로 퇴행하는 것이다. 부부의 동반 퇴행은 금슬이 좋은 것으로 보일 수 있으나, 그들은 항해하지 못하고 안전한 항구 주변을 맴도는 것이나 다름없다.

'어느 날 문득'이
주는 힘

'어느 날 문득'은 평소와는 다른 감정으로 온다. 심장이 뛰는 설렘으로 오고, 격한 우울로도 온다. 서로 다른 두 가지 감정이 교차되어 삶의 역동적 에너지가 생긴다. 물의 낙차로 전기가 생기고, 서로 다른 양극과 음극이 합쳐져 새로운 창조가 일어나는 것과 같다. 당신은 익숙한 세상에서 새로운 세상을 여행할 것이다.

'어느 날 문득'은 사다리로 따지면 한 단계 더 올라가는 계기다. 한 단계 더 올라가면 더 넓게 내려다보이고, 한 단계 더 위엣것이 보인다. '어느 날 문득'을 사랑하는 일을 내일로 미루지 말라. 인생의 매 순간이 '어느 날 문득'인 사람에게 삶은 경이롭다.

이성과 감정으로
내면을 들여다본다

꿈은 무의식이 의식에게 말하려는 것을 상징으로 보여준다. 상징은 고단위 에너지의 압축이다. 풀지 않으면 에너지 저장고이지만 풀면 많은 에너지를 방출한다. 추상화를 보고 의미를 풀지 못하면 낙서에 불과하지만, 의미를 풀면 그 앞에서 30분 이상을 보고 있어도 지루하지 않고 에너지를 받는다. 생애 후반 꿈에 나타난 낯선 이성은 대단한 상징성을 지닌 고농축 에너지 덩어리다.

꿈이 삶에 대해
들려주는 힌트

정신분석 상담에서 분석가와 피분석가가 신뢰 관계를 형성하면, 피분석가는 낯선 이성을 만나 성적 느낌이 들거나 접촉하는 꿈을 종종 가져온다. 성적 욕망을 억압하는 사람들이 이런 꿈을 가져왔다면 성적 욕구를 해소하고픈 소망 충족으로 본다. 반면 꿈에 나타난 이성이 성적 욕망의 대상을 넘어 자신의 일부로 느껴졌다면, 그 이성은 나를 더 깊은 세계로 초대하려는 내적 인격이다.

내적 인격은 자신의 외면과 내면을 연결해주는 안내자다. 내적 인격은 현실에 안주하려는 사람을 우울하게 만들어 내적 여행을 하게 하고, 내면에 몰입해 있는 사람이 거기서 발견한 보화를 밖으로 가지고 나오게도 한다. 분석심리학에서는 이를 아니마anima(남성 안의 여성성) 혹은 아니무스animus(여성 안의 남성성)라고 한다.

이는 사춘기에 함께 놀던 이성 친구가 갑자기 이성으로 느껴졌을 때의 풋풋한 감정과는 사뭇 다르다. 새로운 이성을 만난다면 인생을 한 번 뒤바꿀 수 있다는 갱신의 욕구를 동반하는데, 이는 내적 인격이 외부로 투사되어 나타나는 현상이다.

생애 후반의 갱신은 참 자기와 외적 자기의 조화에 대한 욕구다. 이것이 환상이 되지 않도록, 속물이 되지 않도록 내적 인격은 자체의 에너지로 조율한다.

꿈에 호젓한 숲속 길을 걷고 있는데, 매력적인 이성이 나타났다. 남녀를 불문하고 그 이성에게 끌리지 않을 사람이 없다. 그는 나의 외로움을 보상해주고 희망을 주고, 성적 흥분 이상의 황홀한 느낌을 준다. 나는 그와 하나가 되고 싶어서 은근하거나 강렬한 욕망이 생긴다. 그러다가 초자아가 작동하면 멈칫한다.

'나, 죄를 짓는 것은 아닌가.'

아이돌 가수 아무개가 나타나는 경우도 있는데, 이 나이에 아이들에게 별 감정을 다 느낀다고 쑥스러워한다. 마음 안에서는 즐길 수 있는 것이다.

당신은 지금까지 밖으로 향하던 에너지를 안으로 끌어들여 그 낯선 이성을 따라가 모르고 살았던 자기를 재발견해야 한다. 이런 꿈도 아직은 성적 욕구가 있을 때 꾸는 것으로 보아, 성은 성장에 필요한 창조적 에너지로 활용되는 것이 맞다.

특정 질환이 없는데도 생애 후반기부터는 성욕이 감퇴된다는 것은 낭설이다. 어떤 면에서 더 왕성해진다. 왕성해진 성적 통로로 내적 인격이 발현하고 성장한다. 프로이트는 정상적인 성행위를 정신 건강을 가늠하는 하나의 기준으로 보았다. 오르가슴orgasm은 신체적 쾌락을 동반하면서 자아의 경계가 허물어져 성적 대상과 융합한다. 칼 융은 성적 상징을 타자와 연합하려는 욕구로 봤으며, 그 타자를 자신의 무의식에서 찾음으로 개성화가 촉진된다고 했다. 외적 이성이 내적 이성으로 인격화되는데, 그렇다고 외적 이성이 불필요하다는 것은 아니다. 양자는 서로 보완과 타협의 관계를 가지나, 성장에 중요한 힘은 내적 인격이다. 내적 인격은 자연 현상을 넘어 초월적 지혜까지 이르게 한다.

허무감을 느낀 몸이
보내는 신호

한 1년간 우울증을 앓아 항우울증 약물을 복용하면서 성욕도 함께 감퇴된 분이 있었다. 그는 아내와 거의 성관계를 하지 않았다. 그는 약을 끊고, 심리치료를 받기 시작했다. 반년에 걸쳐 그는 우울증의 심리적 원인을 마음껏 표현했다. 주로 과거에 뿌리를 두고 현재까지 영향을 미치는 죄책감에 관한 것이었다. 죄책감은 유년기부터 사회화 과정에서 생긴 초자아가 원인이고, 그는 초자아의 죄책감으로 성실한 사람으로 살 수 있었다.

우울증은 자신의 감정을 더 이상 억압할 수 없어서 터져나오는 증상이다. 그는 죄책감은 실재하는 것이 아니라 자신이 만든 부정적인 감각이라는 인식에 도달했다. 그는 마음이 가벼워졌고, 그 무렵에 묘한 꿈을 하나 가져왔다.

"이전 직장에서 함께 일하던 여직원이 있었습니다. 그녀는 매우 아름답고 매력적이었지만, 제 스타일이 아니어서 한 번도 그녀에게 큰 매력을 느끼지 않았습니다. 그런데 어제 꿈속에서 그녀가 나타났습니다. 저는 그녀에게 강렬한 매력을 느끼다 잠에서 깼습니다."

약물의 생화학 작용으로 감퇴된 성욕이 되살아난 것이다. 그는 모처럼 상쾌한 기분으로 아침에 일어났다고 했는데, 성으로 표현된 억압된 정신 에너지가 풀어졌기 때문이다. 억압된 정신 에너지가 방출되면 삶의 의욕이 생긴다. 그가 여직원이 자기 스타일이 아니라 말한 것은, 오히려 자기 스타일이었기 때문이다. 좋지만 좋아할 수 없는 대상이기에 그냥 "그녀는 내 스타일이 아니야" 하고 반동형성의 방어기제를 쓴 것이다. 꿈에 배우자가 내적 인격으로 출현하는 경우가 여성에게는 더러 있는데, 남성에게는 드물다. 이상적으로 여기는 다른 이성이 등장한다.

이 꿈은 성적 에너지의 방출 이상의 의미가 있다. 그 여성으로 상징화되는 내적 인격과 연합하여 새로운 세계관으로 진입하려는 심리적이고 생물학적인 성장의 신호다. 우울증이 그에게 선물한 것은 그동안 중요하게 여기며 살아온 외적 가치에 대한 허무함이다. 그는 허무함을 근본적으로 대체할 새로운 가치를 원했고, 꿈으로 나타난 내적 인격은 그 일을 시작한 것이다. 성욕으로 되살아난 의욕은 내적 변화에 대한 의지로까지 확산된다.

마음속에 있는
연인을 만나라

한 중년 여성은 꿈에 아이돌 가수 그룹의 한 멤버가 나타났다. 마치 연인이 된 것처럼 그의 손을 잡고 호수를 걸었다. 호수가 참 아름답다고 느낀 순간 그의 얼굴을 보았는데, 갑자기 멋진 중년 남성으로 변했다. 그녀는 깜짝 놀랐으나 나쁘지 않았다. 아니, 굳이 말하면 좋았다. 황홀했다. 이게 꿈이 아니었으면 했다.

무의식에 원형의 형태로 있던 생기발랄한 내적 인격이 그녀의 의식을 노크한 것이다. 그녀에게 본래 있었던 생기발랄한 매력을 그녀의 것으로 해야 할 때가 온 것이다. 그동안은 남편과 아이들에 대한 헌신 때문에 잊고 살았던 '내 남자', 즉 내적 인격을 만난 것이다.

성 에너지는 삶의 동력이다. 나이 들어 삶의 의욕이 떨어졌다는 것은 성적 욕망도 함께 떨어졌다는 것을 의미한다. 재력 있는 노인이 삶의 활력을 찾는다며 젊은 여성을 사귀거나 아예 딸 같은 여성과 재혼하는 경우도 있다. 성 에너지가 감소된 것은 에너지 자체가 없어진 것이 아니라, 에너지의 방향이 달라진 것이다. 나이가 들수록 성 에너지는 육체에서 정신으로 이동한다. 내면의 연인과 만나야 할 시간이 온 것이다.

약을 먹고 억지로 성욕을 키우면 에너지 전환은 보류된다. 그는 더 좋은 약, 더 관능적인 쾌락을 찾을 것이다. 마음의 흐름을 따르라. 특히 어떤 낯선 감정이 찾아오면 두려워하지 말라. 그것은 그동안 외면한 당신의 또 다른 인격이다. 당신의 낯선 이성, 즉 내적 인격은 풍부한 에너지이고 당신이 마땅히 가야 할 곳으로 안내할 것이다. 두려워하지 말고, 이상하게 여기지 말라. 그 또는 그녀를 사랑하라. 모든 존재가 하나가 되어 만날 곳은 남성에게는 여성성이, 여성에게는 남성성이 통합된 곳이다. 꿈속에 나타난 낯선 이성은 이 긴 여행의 안내자다.

감정과 이성은 어떻게 조화를 이룰까?

한쪽으로만 쏠리면 위험하다

상담학도들은 대부분 여성이다. 아직은 남자들이 이 분야에 들어와 직업인으로서 자리 잡기가 힘들다는 거다. 내가 상담 공부를 시작하면서 낯설었던 것은 감정이었다. 아무래도 남성은 좀 더 이성적이고 여성은 좀 더 감정적이다. 집단 상담을 비롯한 상담 관련 워크숍에서 남성은 이성으로 설명하려 하고, 여성은 감정으로 표현하려 한다. 여성이 다수인 상담집단에서는 남성의 이성은 방어나 이상한 것으로 취급받을 때가 많다. 감정 표현을 잘하는 것이 솔직하고 정신 건강에 좋은 것처럼 여겨진다. 어떤 면에서 일리는 있지만, 이성으로 통합되지 않은 감정은 단지 일순간 '풀어내기'에 불과하다.

감정은 여성성의 중요한 기능이고 개성이고 에너지의 원천이다. 그녀들은 자신의 남편을 비롯해 남자들에 대한 편견을 가지고 있는 것 같다.

"억압하거나 설명하지 말고, 당신의 감정을 표현해보세요."

설명에 익숙한 남자들은 이런 상황이 닥치면 마치 덜 진화된 사람으로 취급받는 듯 느낀다. 나름 잘 살아왔던 남성들도 "나, 문제 있는 건가요?" 하고 반문한다.

"우리 남편은 감정 표현을 못 해요."

많은 여성에게 듣는 말이다. 다들 그렇다면 그것은 사회문화적 요인이고, 그래야 하는 남자의 속사정을 헤아려볼 일이다. 자기 내면의 정원으로 상대를 불러들이려는 것은 보이지 않는 폭력이다.

억압된 것은 사건 자체가 아니라, 그 사건에 대한 감정이다. 사건은 기억이 나지 않아도 그 감정은 무의식에 억압되어, 과거 사건과 유사한 자극을 받으면 그때의 감정을 다시 경험한다. 억압이 세거나 오래된 것일수록 인격의 일부로 자리 잡는다. 영국 신사는 욕망을 사회적 품위에 맞게 억압한 인격이라면, 프랑스 예술은 특유의 자유분방함을 창조적으로 승화시킨

것이다. 영국에서 발달한 정신분석학이 욕망을 탐구한 것이라면, 프랑스의 예술은 욕망을 사용한 것이다.

상담학도들은 그들이 억압한 감정이 무엇인지 직면하고 표현 가능한 형태로 표현해야 한다. 그래야 내담자의 억압된 감정을 이해하고 표현하게 도울 수 있다. 감정을 억압한 상담사는 내담자의 감정도 억압하고, 감정 풀이가 능사라고 생각하는 상담사는 내담자의 감정 풀이만 한풀이 식으로 하게 한다.

이성과 감정은 우열을 따질 수 없다. 감정이 에너지의 원천이라면 이성은 그 에너지를 사용하는 능력이다. 남녀의 평균 수명 차이는 감정 표현 능력과 비례하고, 남녀의 사회적 활동 차이는 이성의 능력과 비례한다. 진정한 사회적 통합을 하려면 남자는 좀 더 감정적이고 여성은 좀 더 이성적이어야 한다.

심리 상담 전문가 모임에서 있었던 일이다. 평소 감정 표현을 중요하게 여기는 분이 자신은 가르치는 일에 능력이 있고, 학생들도 자신을 좋아하고, 어디를 가도 당당하다고, 그런 식의 자기 표현이 곧 자존감인 것처럼 어깨를 으쓱거렸다. 순간 분위기는 싸해졌다.

잠시 후 이를 못마땅하게 여긴 다른 분이, "나는 당신의 당당함에서 당당치 않은 모습을 봤다"라고 쏘아붙였다. 편안한 대화 자리가 집단분석 현장으로 변했다. 분위기가 살짝 얼음판이 되었다. 두 사람의 이야기를 잘 들어준 다른 사람들 덕분에 분위기는 회복되었고 그날의 주제를 다룰 수 있었다.

둘은 솔직하게 감정 표현을 했으니 자신들은 속 시원했겠지만, 다수는 불편했다는 것을 의식했는지는 모르겠다. 아무튼 다수는 두 사람의 감정 싸움에 말려들지 않고 이성의 평정을 유지했다. 집단은 감정이든 이성이든 너무 한쪽으로 가지 않는 자체 조절 능력을 가지고 있다. 여기에 힘이 작용하면 자체 조절 능력은 순응으로 바뀌고 이는 보이지 않는 집단의 폭력으로 작용한다.

이성의 여과장치를 거치지 않은 감정은 어린이성에 빠지게 한다. 어린이는 잘난 척하려 하고 타인의 감정을 잘 배려하지 않는다. 감정을 주 기능으로 하는 예술가가 예술 분야에서는 독보적인 능력을 발휘하지만 사회적 관계에서는 허점을 보이는 이유다.

내가 알던 어떤 작가는 흘러넘치는 감정을 다루기 위해 글을 썼고, 그 책이 베스트셀러가 되기도 했다. 그러다 나이가 들어 감정과 이성이 조화를 이루자 마음이 안정되었고, 그러니 글의 화두가 떠오르지 않아 글을 못 쓰겠다고 했다. 보통 사람은 이해하기 힘든 예술가의 엉뚱한 언행은 다시 감정을 발산시켜 글감을 찾으려는 자구책이라 할 수 있다.

이성과 감정이 만나는 지점

우리는 완벽한 사람이 되기 위해 태어나지 않았다. 하나를 잘하면 다른 하나는 못한다. 소크라테스가 사업을 했다면 실패한 인생이 되었을 것이고, 고흐에게 정신병이 없었다면 위대한 그림 작품도 없었을 것이다.

인생이라는 퍼즐 조각에서 튀어나온 곳은 내가 잘하는 것이고, 들어간 곳은 내가 못하는 것이다. 그리고 전체가 짝을 맞추어 하나의 완벽한 작품이 탄생한다. 당신의 인생은 그중 하나의 퍼즐 조각이다. 만일 당신이 빠져나간다면 미완의 작품이 되니 당신은 또한 전체라고도 할 수 있다.

감정과 이성은 한 개인 안에서, 가정 안에서, 직장 안에서, 그 밖의 다양한 공동체 안에서 상호 조화를 지향한다. 내 정원이 아름다우면 상대의 정원도 아름답다. 내 정원에 곰팡이가 있듯이 상대의 정원에도 곰팡이가 있다. 자기 중심으로 분위기를 이끌어가려는 것은 하나의 퍼즐 조각을 전체로 착각하는 거다.

한 개인에게 이성과 감정의 조화는 그의 고유한 개성이고 인격이다. 완벽한 조화 혹은 인격은 전체, 즉 타인과의 관계 안에서 구현된다. 성장하려는 인생의 변곡점마다 에너지의 원천인 감정이 대량 의식 위로 올라와 의식을 흔든다. 우울함, 황홀감, 소외감, 근거 없는 자신감, 두려움, 용기 등이다. 시간이 지나면 낯선 감정은 이성 안에서 통합되어, 이성은 그 에너지를 사용함으로 사회에 기여한다.

위대한 화가의 작품을 10분 동안이나 망연자실 쳐다보며 황홀감에 젖었다는 여성이 있다. 그녀는 며칠 동안 그 여운이 올라와 일상생활을 제대로 해내기 힘들었다. 당장이라도 전시장으로 달려가 그 작품을 다시 보고 싶었지만 시간이 없었다. 작품의 여운은 자신도 모르게 그녀의 마음을 달랬고 새로운 에너지를 보충해주었다. 그녀는 10분 동안의 놀라운 황홀함을 서서히 이성적 사유로 통합했다.

반면에, 같은 예술작품을 보고도 아무 감정도 느끼지 못한 사람이 있다면, 그는 너무 이성적인 사람이거나 그의 감정이 예술작품으로 투사되지 않은 거다. 그에게 감정이 없는 것은 아니다. 그도 변화의 시점에는 낯선 감정의 투사를 경험할 것이다.

이성과 감정이 만나는 지점은 의식과 무의식이 만나는 지점으로 지금 자신의 상태다. 내면의 낯선 감정을 두려워하지 말고 환영하라. 할 수 있으면 더 많이 경험하라. 시간이 지나면 그것은 이성으로 통합되어 의식의 지평을 넓혀준다.

오직 천천히,
단순하게 쉰다

캐나다에 사는 친구가 한국에 왔다. 공항 터미널에서 택시를 기다리는데, 갑자기 가슴이 답답해졌다. 택시를 기다리는 사람들 모습에서 시간이 빠르게 느껴졌고, 그 속도를 따라잡지 못해 자기도 모르게 가슴이 답답해진 거다.

세기의 철학자 칸트도, 세기의 과학자 아인슈타인도 절대적 시간은 존재하지 않고 상대적 시간만 존재한다고 했다. 시간이 누구에게는 빠르게, 또 다른 누구에게는 천천히 느껴지는 것이 아니라 정말 빠르거나 느리다는 거다. 세상 돌아가는 것이 캐나다보다 한국이 더 빠르니 시간 역시 빨라진 거다. 빠르게 느껴진 것이 아니라 정말 빠른 거다.

친구는 한 달 정도 머물다 갈 생각으로 왔는데, 한 달이 1년이 되어 나이 한 살 빨리 먹게 될지도 모른다고 걱정했다. 나는 이렇게 말했다.

"걱정 마, 한 나흘만 지나면 자네의 시간도 한국의 시간에 맞춰질 거야."

'빨리빨리'만 외치느라
우리가 놓친 것

한국이 OECD 회원국 중에 자살률이 1위인 것은, 뒤처진 사람이 앞서가는 사람을 따라잡지 못해 차라리 삶을 포기했기 때문인 이유도 크다. 자살의 원인이 그것만은 아니지만, 아무튼 한국은 모든 것이 숨 막히게 돌아가는 사회인 것은 맞다. 물론 그 덕에 6.25전쟁의 잿더미에서 빨리 일어섰고, IMF 금융 위기에서도 온 국민이 힘을 모아 빨리 빠져나왔다. 지금 코로나19 위기 상황에서도 한국 정부와 한국인이 보여준 대처는 전 세계의 모범이 되고 있다. "아, 아, 대한민국" 할 만하다.

그럴 수 있었던 이유는 한국인이 의식적인 삶에 매우 익숙해서 그렇다. 의식적인 삶이란 눈에 보이는 삶의 원리를 최우선으로 삼는 거다. 한국을 '동방예의지국'이라 했다던데, 여기서 '예의'는 삶의 가치가 아니라 의례적인 태도를 말한다.

좁은 땅덩어리에서 생존하려니 어떻게 해서든지 앞서가야 하고 더 많이 비축해놓아야 한다. 조급해서 '빨리 빨리 민족'이 된 거다. SNS를 타고 널리 소개된 한국과 선진국의 중산층 기준을 보니, 한국은 소유 자체가 기준이고 선진국은 소유한 것을 올바르게 사용하느냐의 여부가 기준이다. 동방예의지국의 전통과는 거리가 너무 멀다.

'빨리빨리' 문화는 눈에 보이는 것에서 1등을 추구한다. 한국의 정치, 기업, 교육, 경제 등은 1등을 추구해왔고, 그 혜택을 충분히 누리고 있다.

금메달이 아니어서 미안하고, 서울 소재 대학에 다니지 않아서 실패자이고, 좋은 동네에 살고 있지 않아서 열등감을 가져야 하고, 작은 승용차 타고 다녀서 자존감이 떨어진다. 그래서 죽기 살기로 운동해서 금메달을 땄고, 열심히 공부해서 서울 소재 대학에 갔고, 물불을 안 가리고 돈 벌어 강남에 입성했다. 타고 다니는 승용차만 봐서는 국민의 70퍼센트 이상이 중산층이다. 국민의 성장 욕구와 호흡을 함께 해온 종교는 성장을 종교의 본질로 호도하여 종교 최강국도 되었다. 그래서 한국이 살기 좋은 나라가 되었는가? OECD회원국 중에 우울증, 자살률, 이혼율, 사회복지 예산 편성 비율 등 행복과 관련된 지수는 현저히 뒤처진다.

'천천히'가 무의식의 본질이다

지금은 '빨리'가 아니라 무의식에서 들려오는 '천천히'를 들어야 한다. 양으로서의 행복이 아니라 질로서의 행복을 구현할 때다. 외적 확산을 신의 축복으로 선전하는 종교는 역사의 뒤편으로 사라질 것이다. 종교는 무의식에 있는 영적 자산을 의식으로 날라다주는 위대한 상징 해석이 되어야 한다.

지금 한국에는 각자의 방식대로 영성의 길을 외치는 분들이 매우 많다. 팽창된 의식의 세계는 더 이상 갈 곳이 없다. 무의식으로 돌아가 삶에 대한 태도가 대대적으로 바뀌어야 하는데, 지금이 그 시기다.

무의식은 한마디로 '쉼과 평화'라고 할 수 있다. 그동안 자본주의의 질서가 버린 것을 이삭 줍기 하는 거다. 앞서가는 사람들은 뒤처진 사람들이 자리를 내어주었기 때문에 그들이 앞에서 간다는 것을 인정하고 함께 가는 법을 배워야 한다. 뒤처지는 사람은 뒤처진 것이 아니라 단지 다른 길을 가고 있다는 신념이 필요하다. 행복에 보편타당한 기준은 없다. 자신만이 행복의 기준이 되어야 한다.

"아, 아, 대한민국"이라고 성급하게 외쳤던 때가 얼마나 되었다고 벌써 '헬조선'인가. 전자는 의식적 삶이 성공인 줄 알았던 착각에서 외친 비명이고, 후자는 의식적 삶의 퇴행에서 나온 한숨이다. 삶의 위대한 가치는 더 깊은 무의식으로 진입하는 퇴행에서 얻는다. 잠깐은 '헬'의 고통을 모두 함께 지고 있지만, 머지않아 '천천히'의 원리를 깨우쳐 국민의식이 상승될 것이다.

시대의 징표를 읽어야 한다. '헬조선'은 더 이상 존재의 가치를 외적인 것에서 찾지 말고 내적인 것에서 찾으라는 집단적 무의식 신호다. 천국에 있다고 착각하는 사람은 천국을 원하지 않는다. 천국은 지옥에 있는 사람의 것이다. 지옥에 있을 때 천국을 가장 원하고, 천국은 가장 원하는 사람들에게 원하는 만큼의 은총으로 제공된다.

갑자기 좁아진 취업문 때문에 고통스러워하는 청년들을 여러 명 만났다. 그들은 집단적 우울증에 걸려 있었다. 그들은 취업을 위해 몸부림치면서도, 역설적으로 좋은 직장이 인생에 전부가 아니라는 것을 '헬조선'을 통해 깨닫고 있었다. 기득권층이 주도하는 집단주의에 외면당한 20대 후반의 청년이 말했다.

"저는 집단문화에 저를 종속시키지 않을 겁니다. 저만의 삶을 살 겁니다."

성숙한 사회는 '자기'를 존중한다.

생애 후반을 살기 위한
지혜를 얻는 법

인생 후반에 일어나는 내적 성장도 '헬 나'에서 출발한다. 그래야 지향점을 가지고 나와 타인과 세상을 보는 관점이 바뀐다. 꼰대는 나이 들어서도 계속 과거에 묻혀 "아, 아, 나"를 자신에게 속삭이는 사람이다. 그는 말을 많이 해야 하고, 고집이 세야 하고, 여전히 잘난 척할 것이 많아야 한다.

생애 후반의 지혜는 무의식에서 나온다. 무의식으로 진입하면 아무리 많이 알아도 적게 안다. 그는 '무지의 지'를 배운다. 꼰대는 사소한 것에 자존심을 건다. 지혜로운 어른은 '자기'에 자존심을 건다. 타자와 비교하여 불필요한 감정에 빠지지 않는다.

정년 퇴임을 앞둔 사람을 상담해보면, 직장에서 성공했고 퇴임 후에도 여전히 가진 것이 많은데도 미래를 불안해한다. 퇴임 후에는 퇴임 전의 삶을 그대로 유지할 수 없다는 것이다. 욕심이 하늘을 찌른다. 죽을 때까지 왕 노릇하는 전제국가의 독재자라면 모를까, 피할 수 없는 상황을 절망으로 받아들이는 것이 문제다.

그들의 삶은 더 단순해져야 한다. 삶의 속도를 늦춰야 한다. 퇴임 후에는 그동안 빨리 가느라 보지 못한 것을 봐야 한다. 좀 더 단순해지고 겸손해져야 한다. 그렇지 않으면 그들의 의지와는 무관하게 그들을 성장시키려고 원하지 않은 일들이 일어난다. 성장을 위해서는 좋은 일이지만, 즐거움을 위해서는 외면하고 싶었던 일들 말이다.

그동안 미루었던 마음 공부를 하라. 죽어서도 계속 재테크를 할 것이 아니라면 유튜브 재테크 동영상은 그만 봐라. 내적 현실인 빈곤한 인생은 그가 가진 외적 풍요를 누리지 못하고 세상을 떠난다. 삶에 쫓겨 아등바등하다가 죽고 싶을 때 죽지도 못한다. 삶의 최소조건이 충족된 후에는 '쉼과 평화'는 내면의 우물에서 길어올려야 한다. 내적 현실이 풍요로운 사람은 그가 가진 모든 것을 자신의 인생 퍼즐판에 끼워넣는다.

의식의 특성이 시간성time이라면 무의식의 특성은 무시간성 timeless이다. 의식은 시간에 쫓기지만 무의식은 시간을 초월한다. 무의식의 깊은 맛을 본 사람들은 세상을 관조하는 능력이 생긴다. 그들은 지금 여기에서 '영원한 복'을 경험했다. 그들에게 천국은 지금 이순간이다.

관계에서는
진정성만 본다

중국에서 있었던 일이라고 한다. 아이가 하도 스마트폰만 들여다보기에 아버지가 빼앗아 아파트 발코니 밖으로 던졌다. 아이는 던져진 스마트폰을 따라 순간적으로 발코니 밖으로 뛰어내렸다. 아이에게 스마트폰의 가상 세계는 실제였다. 나는 '나'가 되어야 하는데, 문명사회에서는 '문명'이 '나'가 되어버린다.

이런 사례도 있다. 오랫동안 한 남성에 집착하여 살아온 30대 후반의 미혼 여성이 있었다. 그들의 오프라인 데이트는 한

달에 두 번 정도, SNS를 통한 문자 교환은 하루에도 수십 건이다. 여성이 남성에게 문자를 보내면 남성은 1분 이내에 답장을 해야 한다. 그러지 않으면 여성에게 사랑이 식었느니, 성의가 없느니, 이기적인 사람이니 하는 비난의 융단 폭격을 받아야 한다.

이것으로 남성이 얻는 보상은 매력적인 여성과의 데이트, 그리고 그 비용을 여성이 부담하는 것이다. 여성의 존재감은 남성이 보내는 '문자'에 있었다. 그녀는 남성의 문자를 사랑했고, 남성은 여성이 무상으로 베푼 것을 사랑했다. 인간 소외 현상은 이런 것이다.

이 여성에게는 '의존성 성격장애'라는 정신의학적 진단이 내려질 것이다. 그녀의 의존 대상은 그 남자가 아니라 그 남자가 보내는 문자다. 그런 관계가 한 3년 지속된 뒤 여성은 자신의 분리 불안을 되돌아보기 시작했다. 그녀는 '사랑을 주고받는 행위를 할 수 없는 것'을 사랑했던 것이다. 여성은 남성의 문자를 사랑한 것이고, 남성은 여성의 선물을 사랑한 것이다.

무엇에 기대어
살아갈 것인가

'나와 너'의 진정성이 보이지 않는 사랑은 사랑이 아니다. 자기 감정에 젖어 상대를 자기 세계에 초대하는 것에 불과하다. 사랑이 아닌 것을 사랑으로 착각하여 결혼을 하니, 신혼 초에 환상이 깨어져 갈등이 크다. 남녀가 '우리의 진정한 사랑은 결혼 이후부터 시작될 거다' 하고 마음의 준비를 하고 결혼한다면 신혼 3년 이내 이혼율을 현저히 줄일 수 있다. 사랑은 현재완료형이면서도 미래완료진행형이다.

스마트폰 속 가상 세계에 빠진 사람은 콘텐츠를 즐기는 것이 아니라, 콘텐츠가 그를 꼼짝 못하게 옭아맨 것이나 다름없다. 콘텐츠를 생산하는 업체들은 상업적인 목적을 위해서 사람을 낚는 애플리케이션을 만든다.

이 환상에서 빠져나오려면 스마트폰 밖에 있는 것을 주의 깊게 봐야 한다. 그것을 즐기고 그것과 대화해야 한다. 그러면 환상에 빠져 있던 자아는 밖의 세계로 나온다. 스마트폰은 밖의 세계에 있는 것 중에 하나다. 사람은 보고 대화하는 것을 사랑하게 된다. 화초를 보고 대화를 해보라. 화초 키우는 것은 일이 아니라 사랑을 주고받는 것이다.

앞에서 말한 여성이 환상의 세계에서 나오려고 자신이 업무 관계로 만나는 사람들을 유심히 관찰했다. 이전에는 단지 일을 주고받는 관계였는데 변화가 왔다. 내 감정에 사로잡히지 않고 있는 모습을 있는 그대로 보니, 그동안 안 보였던 상대의 감정이 서서히 보였다.

'이 사람은 이런 옷을 즐겨 입는구나', '이 사람은 눈이 크구나', '이 사람은 짧은 머리를 좋아하는구나', '이 사람의 얼굴 표정은 진지하구나……'

그녀는 사람을 사랑하기 시작한 것이다. 두 번째 본 것은 아파트 안의 작은 공원이었다.

'벤치는 시멘트가 아니라 나무로 만든 것이었구나', '봄꽃은 은은한 빛이었구나', '봄의 나뭇잎은 은은한 올리브 색조를 띠었구나', '하늘의 구름은 항상 움직이고 있었구나……'

그냥 보였던 것과 보는 것은 많이 달랐다. 그녀는 보기 시작했다. 자기만의 울타리에서 더 넓은 세계로 나온 기분이었다. 그녀는 존재하는 모든 것은 아름답다는 것을 가슴으로 느끼기 시작했다.

세상 모든 대상에 대한
진정한 사랑

보는 것 중에 자연과 예술작품을 보는 일은 가장 어렵지만, 어려운 만큼 거기에서 많은 에너지를 얻는다. 그는 자연은 물론 오래 전에 세상을 떠난 예술가와 대화를 나눌 수 있을 것이다. 사랑은 듣거나 확인시켜 주는 것이 아니라, 진정한 자기를 발견한 사람이 하는 것이다. 모든 '하는 것'에는 과정이 있다. 현재진행형이면서도 미래완료진행형이다.

사람의 마음이 스마트폰 애플리케이션에 빼앗겨간다. '좋아요'에 목말라하고, 댓글 하나에 웃고 운다. 거기서 상처를 주고받고, 사랑도 주고받고, 협박과 공포도 주고받고, 용서와 화해도 주고받는다. 애플리케이션을 끄면 모든 것이 끝나버리는 것에 속고 있는 것이다. 인생도 인생 서버에 잠깐 접속한 것이나 다름없다. 인생 서버에서 나오면 다 없어진다.

SNS의 감정 소모 때문에 서로 큰 상처를 주고받은 연인이 있었다. 둘은 즉흥적인 SNS 교제를 중단하기로 했다. 꼭 필요한 말은 이메일로 보내기로 했다. SNS의 짧은 글은 눈으로 보고 말지만, 이메일의 긴 글은 눈으로 보고 생각하게 한다.

생각의 교착점에서 다시 새롭게 만난 그들은 하루에 몇 번 전화를 하자고 합의했다. 전화로는 감정을 주고받을 수 있다. 둘은 상대의 진정성을 알아가기 시작했고, 그것은 자기 자신이 되는 일이기도 했다.

"진정한 사랑을 찾으려면 먼저 진정한 자기가 되라."

'나'를 사랑하는 사람이 나를 사랑하는 사람이지, '내가 가진 것'을 사랑하는 사람은 나를 사랑하는 사람이 아니다.

예전에, 글을 잘 쓰고 싶었던 나에게 글쓰기는 중노동이었다. 글쓰기를 포기하려던 어느 날, 한 문장이 빛으로 내게 다가왔다.

"글을 잘 쓰려 하지 말고 글을 사랑하라. 그러면 글도 너를 사랑할 것이다."

글은 자신을 수단이 아니라 목적으로 삼는 사람에게 문을 열어준다. 글도 하나의 고유한 인격체로 생각하니, 글은 잘 쓰기 위해서 있는 것이 아니라 쓰는 사람과 대화하기 위해서 있었던 것임을 깨달았다. 나도 모르게 글쓰기가 되기 시작했고 재미도

붙었다. 나는 내 글을 사랑하기 시작했고, 글 역시 나를 사랑하여 새로운 아이디어를 쏙쏙 떠오르게 해주었다. 내 글과 사랑을 나누는 시간, 그 진한 사랑의 나눔이 있었기에 나는 1년에 한 권씩 지금까지 9권의 심리교양서를 낼 수 있었다.

"진정한 사랑을 원한다면 먼저 진정한 자기가 되어라."

비단 사람에게만 해당되는 말은 아니다.

여행을 가는
진정한 목적

우리는 왜 여행을 갈까? 쉬려고, 스트레스 풀려고, 마음을 치유하려고, 견문을 넓히려고 간다. 그렇다면 보려고 간 것이 아니라 방문한 것이다. 패키지 여행은 적은 시간에 많은 곳을 방문한다. 여행이 아닌 방문 상품일 뿐이다. 의사소통하는 여행이 아니라 해치우기 식의 여행이다.

여행은 자기를 수단으로 삼는 사람에게, 보여줄 것을 보여주지 않는다. 여행을 사랑하라. 하다못해 동네 산책로를 걸어도 사랑으로 걸으라. 여행도 하나의 인격체처럼 느껴질 때까지 사랑하라.

스테이 여행stay tour이 나온 것은 정말 다행스러운 일이다. 한 곳에 머물면서 여행지를 주의 깊게 보는 것이다. 뭐든 주의 깊게 보면 사랑하게 된다. 처음에는 내 감정으로 보다가 점차 상대의 감정을 읽고 감정 이입을 할 수 있기 때문이다.

여행은 존재하는 모든 것을 사랑하려고 떠나는 것이 아니다. 내가 지금 여기서 보는 것과 사랑을 나누기 위해서 떠나는 것이다. 여행은 두 개의 서로 다른 인격체가 사랑을 나누는 것이다. 그러려면 잘 봐야 한다. 주의 깊게 봐야 한다. 공원 벤치 밑에 기어다니는 개미라도 주의 깊게 보고 사랑을 나눌 수 있다면, 알프스 산을 방문한 것보다 더 가치가 있다.

인간이 자연을 마구 개발하는 것은, 자연과 사랑을 나누어야 할 인간 자신을 파헤치는 것과 같다. 상처 난 두 개의 존재가 어찌 진정한 사랑을 나눌 수 있겠는가. 인간이 받은 가장 위대한 소명은 진정한 자기를 구축하는 일이다. 그것은 나와 관계 맺는 타자도 진정한 자기를 구축하게 한다. 그들은 서로 사랑하게 된다.

정말 하고 싶은
말만 한다

말이 많아진다. 5분이면 될 말도 10분에 걸쳐 자세히 설명하고 싶어지고, 꼭 그래야 할 것 같다. 왜 이렇게 말이 많아지지? 말하는 게 아니라 설명을 하는 것이다. 설명? 설명이 아니라 설득하는 것이다. 설득은 많은 말을 만들어 의사소통을 일방적으로 만든다.

말이 많은 사람의
불안

유년기에 유치원 화장실에서 무단 침입한 남성에게 성적 수치심을 당한 여성이 있었다. 그때는 성적 수치심이 무엇인지 몰랐다. 그냥 부끄럽고 이해할 수 없는 어떤 일이 일어난 것이다. 그것이 뭔지는 모르지만 자기 잘못 같아서 아무에게도 이야기할 수 없었다. 그 사건은 그녀의 기억 한쪽으로 사라졌지만, 그때 느낀 수치심과 불안은 무의식 속 어느 곳에 자리 잡았다.

상상력과 인지능력이 왕성한 사춘기부터, 그녀는 말을 많이 하는 사람으로 바뀌어갔다. 말을 잘한다는 사회적 지지를 받았으니, 말을 길게 하는 능력은 장점이 되었다. 그러나 그녀는 말을 길게 하느라 너무 많은 에너지를 썼다. 정작 할 말, 꼭 필요한 말은 놓치곤 한다. 나이가 들수록 말 잘하는 능력에 자꾸 구멍이 뚫린다. 에너지를 말로 다 쏟아놓으니 몸은 피곤해지고 마음은 공허해진다. 말을 많이 하면 생각의 씨앗이 발아하기 전에 빠져나가 공허해진다.

그런 습관은 결혼한 뒤에도 계속되었다. 남편은 아내가 말이 많은 것을 애교로 생각했으나 점차 지쳐갔다. 아내는 그냥 말만 길게 하는 것이 아니라, 자기가 이해한 바를 남편에게 설득했다. 설득당하기도 한두 번, 부부의 대화는 곧잘 싸움으로 끝났다.

그녀가 정말 말하고 싶은 것은 무엇이었을까? 유년기 상처인 성적 수치심이었다.

"엄마, 제가 이런 일을 겪었어요. 그런데 저는 잘못한 거 없어요."

엄마는 너무 바빠 그녀의 이야기를 들어줄 시간이 없었다. 그녀가 말이 많은 것은 수치심과 불안을 가리려는 방어기제였다. 엄마에게 한 마디만 털어놓으면 될 것을, 그 한 마디를 가리려고 많은 문장을 토해낸다. 이를 강박증이라 한다. 이들은 설득하려다 하고 싶은 말을 못하고 에너지를 소진한다.

나이 들수록
말이 많아지는 이유

타인을 설득하려는 것은 자기 불안을 달래는 행위다. 나이 들어 불필요한 말이 많아지는 것은 소외된 자신의 감정을 다루는 방식이다. 세상의 뒤편으로 물러난 자신을 설득하고 위로

하는 것이다. 그때는 자신에게 말을 걸어 타인이 아닌 자기 안의 깊은 곳으로 들어가야 한다. 그곳은 설득이 아닌 대화가 있는 곳이다.

사람은 설득이 아니라 관계의 대상이다. 관계는 상호 이해를 바탕으로 한다. 세상을 설득하려 하면 세상은 점점 더 큰 산으로 변해 당신의 설득을 비웃는다. 세상을 있는 그대로 인정하고 관계를 맺으면 세상은 나만큼의 높이를 가진 더할 나위 없는 나의 친구다. 당신이 당신만의 원리를 가지고 있는 것처럼, 세상도 자체의 원리를 가지고 있다. 당신이 설득당하지 않듯이 세상도 설득당하지 않는다. 세상과 관계를 맺으라.

개천에서 나 용이 된 사람은 그보다 못한 사람을 다 미꾸라지 정도로 본다. 자기 성공담으로 남을 설득하려 한다. 그가 현직에서 물러날 즈음에 그의 주변에 있던 사람들은 모두 남남이 된다. 설득은 아무도 설득당하지 않는다는 교훈을 준다. 그 에너지를 걷어들여 자기와 대화를 하라.

남자들은 인격의 어두운 부분인 그림자가 여자들에 비해 많이 억압되어 그것을 밖으로 투사하여 설득하려 한다. 남자들은 어렵게 친해지지만, 더 깊이 친해지지 않거나 친해지면 아주 친해진다. 자기 그림자로 상대의 그림자를 이해하기 때문이다. 반면 여성들은 쉽게 친해지지만, 더 이상 친해지기 어렵고 상대를 비난한다. 자기 그림자로 상대의 그림자를 비난하기 때문이다. 비난은 설득의 과격한 표현이다.

술자리가 즐거운 이유는 자신의 그림자가 이해받아서가 아니라, 술의 기운을 빌려 자신이 억누른 그림자를 발산할 수 있기 때문이다. 시작할 때는 건배사로 잔을 마주치며 상호소통을 과시하지만 건배가 늘어나면서 모두들 소통이 아닌 독백을 하고, 표현이 아닌 설득을 한다. 그러니 말이 많아지고 길어지고 같은 말이 반복된다.

술에서 깨면 너와 나의 경계는 본래의 상태로 되돌아온다. 적당한 음주는 그림자를 표현함으로 치유력이 있으나, 과하면 그림자가 폭발하여 추태를 부리거나 서로 싸운다. 술이야말로 감정의 양면성을 적나라하게 드러내준다.

말을 길게 하는 설득 심리 안에는 반평생 살아온 삶의 애환이 있다. 누가 살짝 건드리기만 해도 터질 것 같다. 터지지 못하는 것은 내 자존심 때문이다. 자존심 강한 사람은 자신 안에 있는 것에 익숙하지만, 친숙하지는 않다. 익숙한 나를 지키고 친숙하지 않은 것을 회피하려니 그들은 본래 하나 된 것을 분리하는 방어기제를 사용한다. 자기가 자기에게 낯선 사람이 된다. 낯선 것과 대면하기가 두려우면 말이 많아진다.

'내가 말이 길어지는구나' 하는 순간 얼른 멈춰라. 진짜 하고 싶은 말이 무엇인지, 위로받고 싶은 것이 무엇인지, 스스로 물어라. 생애 후반기에는 자기에게 물어야 한다. 자기가 자기를 위로할 줄 알아야 설득하지 않고 설득당하지도 않는다.

자신과 대화를
많이 하자

아내가 불치병에 걸려 내조를 받지 못하는 한 남성이 있었다. 부부애가 좋은 이분의 좌절은 컸다. 시간이 흐르면서 아내에 대한 연민은 자신에 대한 연민으로 바뀌었다. 병을 키운 아내가 원망스럽고, 아내 때문에 자기 시간이 없어진 것이 짜증 나고, 앞으로 홀아비로 살아갈 생각을 하니 견디기 힘들었다. 투병 중인 아내에 대한 분노, 그것은 절대 표현할 수 없는 그에게 낯선 것이다. 그가 진짜 하고 싶은 말은 이런 것이다.

"지금 아내는 무척 힘들지만 얼마 후에는 그녀가 떠나온 곳으로 돌아간다. 이후 나는 아이들과 함께 긴 세월을 함께 살아야 한다. 떠난 사람보다 남은 사람이 더 힘들다."

그 상황에서 누구나 할 수 있는 생각에 죄책감을 가지니, 그 것을 변호하려고 말이 더 많아졌다. 그는 한 번 마음껏 그의 속 내를 말하고 싶다. 말하고 나면 마음이 가벼워져 아내를 아내 대로, 자신도 자신대로 이해하게 될 것 같다. 만일 인간의 모든 사고와 감정을 입력한 인공지능 심리상담사와, 사람 심리상담 사에게 각각 상담을 받게 하고 만족도를 조사하면, 전자가 더 높을 것이다. 사람은 되도록 거리낌 없이 자기 애기를 하고 싶 어하기 때문이다.

생애 후반에 설득을 일삼으면 꼰대가 된다. 설득하고 싶을 때 마다 자신과 대화하라. 자신이 몰랐던 자기 생각까지 자신에게 말하는 대화의 기술을 익혀라. 대화의 방법은 독백, 산파술, 독 서, 예술작품 감상 등 아주 많다.

내 마음이 몸을 통해 신호를 보낸다

: 몸과 마음과 병을 바라보는 관점

노안이 찾아와서
고맙다

어느 날 갑자기 노안이 찾아왔다. 차창 밖 간판의 글은 여전히 잘 보이는데, 작은 글씨가 눈에 안 들어온다. 돋보기를 써야 하나. 어린 시절에 함께 살던 할아버지가 두꺼운 돋보기를 쓰시고 신문 활자를 읽으셨는데, 나도 그래야 하나! 노안이 올 줄은 알았지만 벌써 올 줄이야. 나 이제 나이 먹은 걸까! 안경집에 가서 돋보기를 맞추고 나서 한동안 우울해졌다는 사람도 있다.

"걱정하지 마, 이제부터 당신은 전에 못 보던 것을 보게 될 거야. 노안이 온 것은 지금까지 근거리를 보느라고 보지 못한 원거리를 보게 해주려는 거야. 당신은 눈에 보이는 것을 넘어 넓은 세계관을 가지게 될 거야. 그것은 당신의 삶을 충분하고 안전하게 만들어주지."

먼 곳을 보라고
노안이 온다

노안은 마음이 몸에 보내는 신호다. 나이를 먹으면 신체의 각 기관도 쇠해지는 것, 그것은 신체 수명이 다 되었으니 퇴장을 준비하라는 것이 아니다. 마음이 친절하게 적극적으로 몸에 말을 걸어오는 거다.

"이제 당신은 먼 곳을 봐야 할 때야."

몸으로 보내는 마음의 메시지는 호소력이 있다.

그래도 문자를 파는 것이 곧 진리를 터득하는 것으로 착각하고 있는 것은 아닌가. 선불교에는 '진리는 문자에 있지 않다'는 불립문자不立文字라는 개념이 있다. 문자는 한정된 것만 알 수 있으나, 문자를 넘어서야 그 이상을 알 수 있다는 것이다. 사색 없이 문자를 탐구하는 사람은 문자의 시종이 된다. 그는 자신이 아는 지식에서 소외된다. 사색은 문자를 징검다리 삼아서 심연을 여행하게 한다. 노안이 온 이유는 눈앞에 문자에만 집착하지 말고 사색하여 먼 곳을 보라는 것이다. 사색하기에 가장 좋은 시간은 바로 지금이다.

밝은 눈이 이성의 총기를 빛나게 해준다면, 어두운 눈은 영성의 총기를 빛나게 해준다. 맹인 가수의 맑은 음성은 영성에서 나온다. 보는 기능을 희생한 그의 목소리는 아무도 흉내 낼 수 없다.

어떤 사람이 이성의 총기를 사용하여 그 분야에 탁월한 학자가 되었다고 하자. 그의 자존감이 올라갔다고, 존재감도 따라 올라가는 것은 아니다. 자존감이 현미경으로 가까운 것을 봄으로써 얻는 것이라면, 존재감은 망원경으로 멀리 있는 것을 보면서 얻는다. 자존감은 유효기간이 있으나 존재감은 유효기간이 없다. 생애 전반기는 자존감으로 살았으나, 생애 후반기에는 존재감으로 살아야 한다. 그래서 멀리 있는 것을 보라고, 노안이 온다.

노안이 왔다. 그는 이전처럼 한 번에 몇 시간씩 책을 읽을 수 없다. 안과 의사는 50분 읽었으면 10분 정도는 먼 곳을 봐주라고 한다. 그러지 않으면 두통이 오고 노안은 더 진행된다. 50분을 문자에 투자했으면 10분 정도는 사색을 하라는 것이다. 노안이 진행될수록 50분은 작아지고 10분은 커진다. 적게 읽고 많이 사색하라는 것이다. 사람이 빵으로만 살 수 없다는 진리는 노안이 오는 시기에 가슴으로 깨닫는다. 마음의 빵을 찾아야 할 시기다.

나는 노안이 온 이후로 책을 읽더라도 꼭 완독을 목표로 하지는 않는다. 목차 순서대로 읽지 않는 경우도 있다. 저자의 상상력에 내 마음이 가 닿으면 충분하다. 문자와 문자, 그리고 행간의 의미를 나의 사색으로 채운다. 저자가 말하는 내용보다도 그런 말을 하는 저자의 세계관에 더 공감한다. 문자를 읽되 문자에 얽매이지 않는 것이다.

문자를 깨고 비교하는 것을 학자들은 업으로 해야겠지만, 그것이 무슨 위대한 진리인양 목소리 높일 일은 아니다. 단지 직업적으로 일을 하는 거다. 논쟁은 있는 것을 있는 것으로 하지 않으나, 사색은 있는 것을 있는 것으로 하면서 마음의 심연에 가 닿게 한다.

몸은 쇠퇴하지만
마음은 깊어진다

나이 60이 되었는데도 노안이 늦어 돋보기 없이도 글을 잘 읽어내는 사람을 만난 적이 있다. 우연의 일치였을까. 그의 사고는 문자에 매여 있었다. 그는 더 많은 문자를 머리에 입력해야 했다. 그는 머리는 뜨겁고 가슴은 차가운 사람이었다. 그는 문자에는 능했지만, 문자를 넘어 사색에 이르지는 못했다. 머지않아 그에게도 마음의 노안이 찾아올 것이다.

문자가 하나의 틀을 만들어가는 생애 전반기의 과정이라면, 사색은 그 안에 자기 이야기를 넣어 자기 것으로 만드는 생애 후반기의 과정이다. 자기 이야기가 시작되는 때가 바로 생의 후반기다. 그 즈음에 노안이 와 겸손해진다. 노안이 진행되면 생각할 시간을 더 많이 가질 수 있어서 내적 자산이 하나둘 쌓인다. 생각이 깊어지면 이해심도 깊어지고, 타인에게 관대해진다. 그만큼 존재감은 올라간다.

건강에 자신 있어 하는 사람이 있었다. 그 자신감의 어리석음은 병에 걸려야 안다. 어느 날 갑자기 아파서 병원에 갔는데,

완치 불가의 암 판정을 받았다. 하늘로 솟던 그의 기세가 와르르 무너졌고 우울해졌다.

암이 진행될수록 말수가 현저히 줄었다. 암 때문에 깊은 우울증에 빠졌는지, 사색이 깊어져 인생의 의미를 깨닫게 되었는지, 겉만 보고 속단할 일은 아니다. 그만이 안다. 가족도 모른다. 내면의 깨달음은 언어화하기 어렵다. 몸의 병이 깊을수록 자아는 마음 깊은 곳을 순례한다.

그는 이전에 몰랐던 것을 깨우쳐가는 중이었다. 죽음을 평화롭게 맞이할 마음 순례를 하는 중이었으나, 마음 밖에 있는 사람들은 이를 눈치 채지 못했다.

좋은 병 나쁜 병, 구분하는 것이 얼마나 어리석은 짓인가? 한 고위 공무원은 방광암 전이로 세상을 떠났는데, 자신의 병명을 다른 사람에게는 말하지 말라고 가족에게 당부했다고 한다. 암은 나쁜 병이라는 편견 때문이었다. 수술실로 들어가기 전에는 의사에게 촌지를 주라고 아내에게 부탁했다고 한다. 마음이 몸에 전하는 강한 드라이브를 외면한 그는 마음 소리를 제대로 듣지 못하고 세상을 떠났을 것이다.

죽어가는 자가 가족에게 남길 수 있는 최고의 유산은 죽음을 편안히 수용하는 일이다. 삶과 죽음은 하나인 것처럼. 아직은 험한 세상을 더 살아가야 하는 가족은 그렇게, 죽어가는 사람에게서 큰 위로와 용기를 얻는다.

마음이 밝아져야
제대로 보인다

노안 수술을 받은 사람이 "이렇게 좋은 줄 알았으면 진작 할 걸" 하고 말했다. 무엇이 좋으냐고 물어봤다. 눈이 밝아져서 좋다는 거다. 스마트폰 보기 좋고, 전자제품 사용설명서 보기 좋고, 마트에 진열된 상품 값이 잘 보여서 좋다는 거다. 그의 인생은 그곳에서만 머무를 것이다.

그는 밝아진 눈으로 책을 읽어야 한다. 읽은 것이 있어야 사색도 한다. 사색이 없는 인간은 먹잇감을 삶의 최고 목적으로 삼은 동물과 다를 것이 없다.

직업상 노안 수술을 꼭 해야 하는 사람이 있고, 아직은 밝은 눈이 더 필요한 사람도 있다. 그러나 왜 해야 하는지는 진지하게 생각해봐야 한다. 수술로 밝아진 눈은 세월과 함께 다시 어두워진다. 어두워지는 것은 나쁜 것이 아니라, 눈으로 볼 수 없는 것을 보라고 마음이 몸에 보내는 신호다.

맹인 중창단의 연주회에 참석한 적이 있다. 그들은 목이 아니라 마음으로 노래를 불렀고, 듣는 사람은 귀가 아니라 마음으로 들었다. 그들의 목소리는 마음 깊은 곳에서 나오는 영혼의 선율이었다. 나는 아직도 그때의 감동을 되새길 수 있다. 노안이 온 것은 영혼의 선율을 듣고 말하도록 마음이 재배열되고 있는 것이다.

질병은 적과의 동침,
적이 있어야 나도 산다

자동차도 한 5년 타면 여기저기 고장이 나서 적지 않게 수리비가 들어간다. 사람도 그러하다. 몸이 아프면 '때가 되어서 그런가 보다' 하고, 병원 가서 약 처방 받고, 수술이 필요하면 수술을 받으면 된다. 초기가 힘들지 시간은 병에 적응하게 한다.

척추염으로 하반신을 쓰지 못해 휠체어를 타고 다니는 분이 이런 고백을 했다.

"처음에는 이렇게 사느니 죽고 싶었어요. 시간이 지나니 내 몸에 적응이 되는 거 있지요. 그리고 장애를 가진 사람의 심정

을 이해하게 되었고, 그들을 위한 일을 하고 있으니, 그것도 은
총이라 할 수 있지요."

적당히 긴장하고
타협하는 적

당뇨가 온 친구가 있다. 당뇨는 합병증이 더 걱정이 되는 병이
다. 친구도 처음에는 당황했다.

"이제 막 50에 들어섰는데, 벌써부터 내가 내 몸을 조절하지
못하고 내 몸에 화학약품을 넣어야 하나. 다른 장기에 문제가
생기면 어떻게 하지."

걱정은 꼬리에 꼬리를 문다. 그는 당뇨병이 가져올 합병증
을 인터넷으로 검색했다. 검색한 모든 병이 상상 속의 병이 되
고 말았다. 그러던 중 의사 친구의 한마디 말에 상상의 병이 사
라졌다.

"걱정 마. 적과의 동침이라고 생각해. 적도 잘 데리고 있으
면 우군이 되는 법이야. 약 잘 먹고 운동 열심히 해. 더 건강해
질 수도 있을걸."

그는 꾸준히 운동을 했고, 마음을 편안히 가지려고 노력했다.

그는 단지 당뇨병 하나만 걸린 사람이고, 그의 친구들도 한 개, 두 개, 평생을 가지고 갈 병들이 생기기 시작했다. 그는 지병을 가지게 된 친구를 위로했다.

"걱정 마라. 약 잘 먹고, 운동 열심히 해. 나 봐. 건강히 잘 살잖아."

그는 적군을 우군으로 만들어버렸다.

이안 감독의 영화 〈라이프 오브 파이〉는 주인공 파이가 사나운 벵골 호랑이와 함께 배를 타고 대양을 표류하는 이야기다.

망망대해에서 구조에 대한 일말의 희망도 없이 언제 죽을지 모를 대양을 표류하는 일은 지독한 외로움과의 싸움이다. 바람한 점 없는 날은 더 적막하다. 그 적막감에 삶을 포기해버리고 싶을 때도 있었다. 물속에 뛰어들면 5분이면 충분하다.

그러나 함께 탄 구조선에 사나운 호랑이가 있었다. 파이는 호랑이와 적당히 긴장하고 타협하는 법을 배웠다. 생명을 건 경계의 끈을 놓을 수 없었다. 그것에 비하면 외로움과 적막함은 별 것 아니었다. 파이는 벵골 호랑이 덕분에 망망대해의 지루하고 고독한 표류를 잘 견뎌낼 수 있었고, 마침내 구조된다.

빨리 수용하는
지혜

생애 후반기에 접어들면 누구나 한두 가지 병과 동숙하게 된다. 마음에도 싸워야 할 어두운 그림자가 있는데, 몸에 어두운 그림자가 생기는 것은 전혀 이상하지 않다. 건강하게 사는 것은 좋은데, 아프지 않고 살 수는 없는 일이다. 몸의 병을 다스리는 방법은 마음의 그림자를 다스리는 방법과 같다.

마음의 그림자는 제거하는 것이 아니라, 잘 달래고 다독거려서 함께 살아야 할 대상이다. 동숙한 마음의 그림자는 삶의 추동력으로 작용한다. 예컨대 나약함을 그림자로 가지고 있는 사람은 나약함을 잘 이해하고 달램으로써 '따뜻한 인간성'으로 대체할 수 있다. 화를 마음의 그림자로 가지고 있는 사람은 화를 잘 다독여줌으로 '적극성'으로 바꿔 사용할 수 있다. 우리는 단 하루도 마음의 그림자에서 벗어날 수는 없지만, 그것을 이용할 수는 있다.

몸의 그림자인 질병도 그러하다. 모든 질병은 인정과 수용을 요구한다.

"왜 내게 이런 병이⋯⋯."

질병을 원망하면 질병도 나를 원망한다.

"아, 내게도 질병이 왔구나."

질병을 수용하면 질병도 나를 수용한다. 자연의 순리인 질병을 후회하고 불평하는 것은 자연을 거스르는 어리석은 태도다.

임종과 죽음 의학의 거장인 퀴블러 로스는 중병을 진단받았을 때 사람들이 보이는 첫 번째 반응은 '부정'이라고 했다.

"아니야, 오진일 거야."

병원 쇼핑을 다닌다. 마지막 다섯 번째 반응으로 평화로운 수용을 들었다. 이는 연구실에서 나온 이론이 아니라 그가 수십 년을 임종 의학자로 활동하면서 환자들에게서 발견한 심리적 변화다. 되도록 빨리 수용의 단계를 앞으로 당길 수 있다면 병을 얻은 그는 가족과 더 많은 시간을 의미 있게 보낼 수 있을 것이다.

잘 달래면서
살아야 할 병

병을 조기에 발견하여 치료하는 것은 중요하지만, 항상 가능한 일은 아니다. 모든 병이 조기에 발견되는 것은 아니고, 건강 염려증에 걸린 사람이 아니라면 누가 자기 몸을 강박적으로 체크하겠는가. 한때 명의였던 70대 중반의 내과의사에게 들은 말이다.

"정기 건강검진이 꼭 필요한 것은 아닙니다. 사람의 몸은 치료가 필요하면 자각 증상으로 신호를 보냅니다. 그때 치료해도 됩니다. 자각 증상이 없거나, 있어도 치료할 수 없는 병이 왔다면, 그 병은 내가 가지고 가야 할 내 것입니다. 잘 달래면서 살아야 합니다. 죽을병이라면 죽을 때가 되었다는 것을 받아들이면 됩니다. 내 말에 동의하지 않는 분들도 계시다는 것을 잘 압니다. 40년 내과를 진료한 의사의 말입니다."

현자는 병이 오면 어떻게 할까? 병은 그들의 몸을 어둡게 하겠지만, 마음마저 어둡게 하지는 못한다. 그들은 병으로 오는 마음의 메시지를 빨리 읽는다. 그리고 병을 빨리 수용한다. 수용하지 않은 병은 시간이 지날수록 두렵고 초조하게 하나, 수용된 병은 시간이 지날수록 잔잔한 평화의 강가에 가 닿게 한다. 여기에 대한 사례는 문헌에서 얼마든지 찾아볼 수 있다. 병은 인간이 육의 한계에 갇힌 존재가 아니라, 육의 한계를 넘은 존재임을 알린다.

치매, 모든 것의 의도는 상실에 있다

어머니의 기억이 끊기는 시간이 점점 길어졌다. 종종 가출을 하셔서 경찰서에 실종 신고를 해서야 찾은 적도 있다. 가급적 요양병원에 가시는 일은 뒤로 미루려 했다. 가족을 떠나고 기억마저 잃어버려 낯선 곳에서 죽음을 맞는 것은 인간 고려장과 다름이 없다. 중년 이후에 그들의 부모가 고령이 되면 이런 고민을 해야 하는 일이 생긴다.

때가 되었다. 더 이상 가족이 관리할 수 없는 상태가 되었다. 딸은 돈을 좀 더 내기로 하고 시설이 좋은 치매 환자 요양병원에 어머니를 입원시켰다. 가족 중 누구 하나 반대하지 않았다. 돌아오면서 우울했다. 엄마 때문인 줄 알았는데, 알고 보니 자기연민 때문이었다.

"내가 어머니를 치매 요양병원에 모신 것처럼 언젠가는 내 딸도 무거운 마음으로 나를 여기로 데리고 오겠지."

타인을 배려하도록
가르치는 인생 공부

치매는 복인가 재앙인가? 자연의 순리에 따라 인간에게 찾아오는 모든 것은 다 복이다. 복과 화를 나누는 것은 나약한 인간성에서 나온 분리 작업일 뿐이다. 화라고 규정할 것이 따로 있는 것이 아니라, 복을 복으로 받지 않으면 다 화다. 심인성 치매야 정신 활동을 꾸준히 하여 지연시키거나 막아볼 수 있지만, 노인성 치매는 막아낼 도리가 없다. 심인성이건 노인성이건 자연스럽게 찾아온 치매를 복으로 받지 않으면 더 큰 화가 되어 가족을 괴롭힌다. 받아들여야 할 것을 화라고 단정하고 거절하니 인생에 괴로움이 쌓인다.

치매는 환자의 의지를 떠난 것으로 가족이 그 병을 받아들여야 하는 괴로움이 있다. 그렇다고 가족이 잘못 살아왔다는 것은 절대 아니다. 왜 하필이면 치매인가? 그것은 우리가 따질 일이 아니다. 치매가 계속 진행되는 중에 가족이 마음의 무너짐을 어떻게 견뎌낼 수 있는지가 중요하다. 치매는 환자가 가족에게 주는 메시지가 크다.

치매는 일시적으로 기억이 사라졌다가 일정한 시간이 지나면 다시 정상으로 돌아오는 증상으로 시작된다. 그 일정한 시간이 점점 길어지면서, 병세는 깊어지고 집에서는 더 이상 보살피기 힘들어 전문병원에 보내드릴 수밖에 없는 상황이 온다. 약은 증상을 더디게 진행시킬 뿐이다.

치매를 재앙으로 보는 것은 긴 시간 서서히 진행되는 과정을 가족이 함께 지켜봐야 하기 때문이다. '나는 차라리 암으로 빨리 갔으면 좋겠다'는 말이 나올 정도다.

기억이 사라진 그 시간은 심리학적으로 깊은 무의식에 빠져 있는 상태다. 그곳에는 현실 지각이 없고, 현실과는 격리된 전혀 다른 세상이다. 마치 태고의 신비처럼 그만의 앎이 있는 곳이다. 그곳은 일생을 열심히 살아온 그가 세상을 떠나기 전에 미리 경험하는 깊은 안식의 세계가 아닐까, 나는 이런 추측을 한다. 보는 사람이 괴롭다고 당사자가 항상 괴로운 것은 아니다.

기억상실 상태에서 공격적으로 변하는 분도 있다. 그 공격성은 그가 살면서 외면했거나 억압한 것으로, 기억이 사라진 무의식에서 감정 정화를 하고 있는 것이라고 나는 생각한다. 기억상실 상태라 의식적 대화가 불가능하니 추측해볼 뿐이다. 나는 사람에게 일어나는 모든 일은 어떤 방식으로든 그에게 기여한다고 믿는다.

부모가 치매 병원에 입원하면, 가족은 치매의 진행 과정에 맞추어 정신적으로, 경제적으로 서서히 힘들어진다. 사람은 힘이 들면 가던 길을 멈추고 내면화 작업을 한다. 형제 간에 분란이 생기고, 죄책감으로 괴롭고, 우울해지기도 하지만, 이 모든 것은 내면화를 촉진한다. 지인들은 그가 요즘 변했다고 말할 것이다.

부모에게 물려받은 재산이 많아 교만을 입에 달고 사는 사람이 있었는데, 그의 부친이 치매와 합병증으로 돌아가시고 모친마저 치매에 걸렸다. 물려받은 재산이 많아 아들 된 도리로서

차마 어머니를 치매 병원에 모실 수 없었다. 부부 간에 다툼이 많아졌고, 가정에는 긴장과 불안의 기운이 맴돌았다.

이런 일련의 일들을 통하여 그가 배운 것은 겸손이었고, 남의 이야기에 귀를 기울이는 것이었다. 가정이 편안하고 모든 일이 잘 되었다면, 그의 교만과 허세는 바뀌지 않았을 것이다.

부모는 당신을 희생시켜 자식이 단단히 인생 공부를 하게 했다. 치매는 가족에게 타인을 배려하는 인생 공부를 시킨다. 그렇다고 지금까지 그가 타인을 배려하지 않았다는 것은 아니다. 살아있는 한 인생 교과서의 책장을 계속 넘겨야 한다. 인생의 학년은 중단 없이 꾸준히 올라가야 한다.

순간을 살고, 자신을 너무 다그치지 않는다

치매 환자를 다룬 영화 〈스틸 앨리스〉가 인상적이다. 언어학 교수인 앨리스는 가장 왕성한 활동을 하던 50세에 가족력에 따라 조발성 치매가 찾아왔다. 가족의 동정은 잠시뿐, 그들은 앨리스에 대한 따뜻한 기억을 간직한 채 각자의 길로 가야 했다. 건강한 사람은 살아야 한다. 언제까지나 환자와 감정 이입이나 하고 있을 수는 없다.

한편 반항적이고 모험적이고 자유스럽기는 하나 불안정한 삶을 선택한 막내딸 리디아는 떠났던 엄마 곁으로 돌아온다. 리디아는 안정된 삶을 추구하고 지적인 일에 헌신하는 엄마와는 전혀 다른 특성을 가졌다.

엄마가 딸의 성격을 조금이라도 가졌다면 덜 억압하여 치매에 안 걸렸을 것이란 상상은 가능하다. 딸이 엄마의 성격을 조금이라도 가졌다면, 딸은 좀 더 안정적으로 자신의 예술적 끼를 발휘할 기회를 얻었을 것이란 상상도 가능하다. 딸은 치매에 걸린 엄마에게 다가옴으로써 자신을 리모델링할 소중할 기회를 얻은 것이다.

앨리스는 '기억 상실'이란 괴물에게 서서히 먹혀갔지만, 그 희생으로 가족은 각자의 삶을 되돌아보고 전진한다. 다음은 알츠하이머 협회에서 그가 행한 강연이다.

시인 엘리자베스 비숍은 이렇게 썼습니다.

"상실의 기술은 어렵지 않다. 모든 것의 의도가 상실에 있으니 그것을 잃는 데도 재앙은 아니다."

저는 매일 상실의 기술을 배우고 있습니다. 내 태도를 상실하고 목표를 상실하고 잠을 상실하지만, 기억을 가장 많이 상실합니다. 저는 평생 동안 기억을 쌓아올렸습니다. 그것은 제게 가장 큰 재산이었습니다. 제가 열심히 노력해서 얻은 것이 이제 모두 사라져갑니다. 지옥 같은 고통입니다. 점점 더 심해집니다. 한때 우리의 모습에서 멀어진 우리는 우스꽝스럽습니다. 우리의 이상한 행동과 더듬거리는 말투는 우리에 대한 타인의 인식을 바꾸고, 자신에 대한 인식도 바꿉니다. 그러나 그것은 우리가 아니라 우리의 병입니다.

지금 저는 살아있습니다. 기억을 못 하는 제 자신을 질책하곤 하지만, 행복과 기쁨의 충만한 순간도 있습니다. 저는 고통스럽지 않습니다. 이 세상의 일부가 되기 위해서 애쓰고 있을 뿐입니다. 제가 할 수 있는 것은 순간을 사는 것과 자신을 너무 다그치지 않는 것, 상실의 기술을 배우라고 자신을 몰아붙이지 않는 것입니다. 오늘 이곳에서의 기억도 내일이면 사라질지도 모릅니다. 그러나 오늘 이 자리는 제게 큰 의미입니다.

내면을 살펴야 할 때 병이 온다

생의 후반기에는 뜻하지 않게 여러 중병이 찾아온다. 그래서 마음이 약해진다. 사람이 약해지면 밖으로 향하던 정신 에너지가 안으로 향한다. 하다못해 감기몸살이 와도 밖의 일은 잠시 중단되고 마음은 안으로 모인다. 질병이 주는 가장 큰 교훈은 '네 안을 살펴라'다. 신은 사람이 제 안을 살펴야 할 중요한 시점에 병을 주신다.

생의 후반부에 오는 중병은 죽을 때까지 가지고 가야 하는 것이 많은데, 그것은 징벌이 아니라 그때까지 자기 안을 들여다보며 생을 잘 마무리하라는 축복이다. 세상 모든 것을 가졌다 하더라도 마음에서 건져내야 할 진주 하나 얻지 못하고 떠난다면, 빈손으로 가는 것과 다름없다.

어떻게 할 수 없는 것을
견디고 받아들이는 법

지금도 태평양 어느 곳에 있는 비문명인은 입사식入社式이라는 성년의식을 거행한다. '이제 우리 단체의 성원이 되는 자격을 취득했다'고 공적으로 선언하는 의례로, 엄격한 신체적 고행을 치른다. 몸에 강한 자극을 주면 마음도 강해져 성장한다는 믿음 때문이다. 대기업에서 신입사원에게 행하는 입사식 의식도 여기서 유래되었다.

생애 후반기에 찾아오는 중병은 제2의 개인적 입사식이라 할 수 있다. 지금부터 인생의 대답은 자기 안에서 찾아야 한다는 것을 몸이 알려주는 것이다. 그때 중병에 걸리면 '당신을 위로한다'는 타인의 말들이 다 물거품이 되고 만다.

중병일수록 그는 저세상으로 가지고 갈 선물을 짓는 것이다. 중병을 겪는 현실을 과소평가하는 것은 아니다. 통증은 고통스럽고 경제적 손실은 크다. 첨단 의술의 치료를 받는다고 해도, 중병은 자신의 의지로는 어찌할 수 없다. 어떻게 할 수 없는 것의 간격은 내가 나에게 주는 마음의 메시지로 채워나가야 한다.

건강하게 살려는 노력은 중요하다. 건강은 정신을 담고 있는 몸과, 몸에 거주하는 정신 사이의 긴밀한 협의로 얻는다. 프로이트는 인간의 본능이 의식과 갈등을 일으켜 해결되지 않고 쌓이면 몸의 질병으로도 나타난다고 했다.

신생아는 자궁 안의 평화로운 상태를 계속 유지하고 싶은 본능을 포기하고 이 세상에 적응해야 한다. 그 갈등이 울음으로 표현된다. 신생아가 감기에 잘 걸리는 이유는 아직은 갈등을 잘 처리할 만큼 자아와 본능의 통합이 안 되었기 때문이다. 그들은 엄마에게 좀 더 세심한 관리를 해달라고 감기로 신호를 보낸다. 갈등 처리의 주체인 자아는 만 3세 이후가 되어야 자리를 잡고, 그때부터 아이는 감기에 대한 면역력이 충분해진다.

사람이 일생을 살면서 본능과 의식의 충돌은 피할 수 없다. 그러니 스트레스가 병을 만든다. '스트레스 받지 말라', '아프지 말라'는 덕담은 엄마의 자궁으로 돌아가란 말이나 다름없다. 신은 인간이 받을 모든 스트레스를 받고 병들었으나 살아남아 신이 되었다. 그래서 인간의 사정을 잘 안다. 인간이 받아야 할 스트레스, 그로 인한 질병은 인간이 신과 같이 되는 과정에서 꼭 있어야 할 것이다.

삶에 대한 깊은 애정과
겸손을 위하여

큰 수술을 1년 안에 두 번이나 받았다며, 1년 만에 나에게 전화를 주신 분이 있었다. 14개월 전에 그분은 아들의 군대 적응 문제로 내게 상담을 받았다. 그리고 암 수술을 받으러 서울의 큰 병원에 가야 한다고 했다. 그 수술을 마치자 또 다른 곳에 암세포가 발견되어 미처 회복도 안 된 몸에 또 메스를 댔다.

그분의 목소리는 예전처럼 고음도 아니었고, 자기 의견을 딱 부러지게 말하던 그런 말투도 아니었다. 마치 다른 사람과 통화하는 것 같았다. 몇 계음은 낮아진 목소리 톤에서 자신의 삶을 있는 그대로 받아들인 사람들이 얻는 삶에 대한 깊은 애정과 신뢰감을 나는 느꼈다. 불안정한 자신감은 안정적인 겸손으로 바뀌었다. 이분은 1년 동안 병고를 치른 것이 아니라, 혹독한 수행을 제대로 하고 돌아온 것 같았다. 전화 통화를 마치자 내 마음에는 긴 여운이 남았다. 아마도 이분은 이렇게 고백하고 싶었을 것이다.

같은 수술을 두 번이나 하는 나를 지켜보는 가족, 그리고 나를 사랑하는 사람들의 동정어린 시선을 저는 기억해요. 그러나 정작 나는 그렇게 처참하지 않다는 것을 그들에게 설명해줄 방법은 없었어요. 죽으면 죽으리라는 심정으로 수술실에 들어갔고, 그러자 이상하게 마음이 평안해졌어요.

그들의 동정은 감사하지만 동정이 하는 일은 기껏해야 자기 감정에 작은 소용돌이만 일으키죠. 저는 그들의 생각과는 달리 절망의 수렁에 빠져 있지는 않았어요. 저에게는 죽음도 희망이었어요. 이것은 죽음의 위기를 넘긴 저만이 아는 진실이었어요. 그 와중에도 깊은 곳에서 떠오르는 찬란한 희망, 그 희망이 무엇인지 명확하게 말할 수 없지만 저는 그것을 위해서 존재하죠.

다시 의식으로 돌아온 저는 강한 진통제를 맞아야 겨우 진정되는 통증과 싸워야 했죠. 그러나 세상 모든 것이 그러듯이, 몸의 통증도 제 시간이 있는 법. 통증이 사라질 무렵에는 삶에 대한 깊은 애정과 신뢰 그리고 겸손이 제 몸에 스며드는 것을 느꼈죠. 다시 사는 것이 아니라 새로운 인생이 펼쳐진 것 같았어요. 중병은 저의 위대한 영적 스승이었던 거죠.

그분의 투병은 아직 끝나지 않았다. 통원 치료와 병의 두려움, 그리고 진료비 청구는 계속될 것이다. 가족도 인내의 한계에 봉착하고, 그분은 섭섭하거나 우울해질 것이다. 그럼에도 불구하고 삶은 계속된다. 삶이 계속되는 한 그곳에는 누릴 기쁨과 사랑과 희망이 항상 있다.

중병은 그가 오직 지금 여기에만 집중해야 함을 훈련시킨다. 지금 여기에 충만한 삶의 기쁨이 무엇인지 깨닫게 함으로써, 죽음 이후에 가지고 갈 선물을 준비시킨다. 나는 미래를 준비하는 많은 사람들이 실은 미래를 걱정하고 있다는 것을 발견했다. 현재에 충만한 삶이 곧 미래를 위한 완전한 대비책이다.

마음의 독감,
공황장애를 보듬는 법

최근에 공황장애의 발병 연령대가 가장 많은 40대에서 20대로 서서히 확대되고 있다고 한다. 20대가 사회의 변두리로 내몰리고 있다는 증거다. 그들의 불안한 심리가 사회적 병리로 나타난 것이다. 대중 앞에 서는 연예인 중에는 공황장애 환자가 종종 있다. 그들은 인기를 유지하고 더 잘 보이려는 부담감 때문에 불안이 누적되어 공황장애에 걸린다.

쉬는 것이
사는 것이다

공황장애는 처리하지 못한 불안이 쌓여 더 이상 억압으로도 타협이 안 될 때, 생존을 위한 고육지책으로 생긴 심신의 병이다. 심리적 불안과 함께, 호흡과 심장박동이 빨라지거나 얼굴이 홍조가 되는 등 몸의 증상도 동반하는 괴로운 병이다. 우울증이 흔하게 오는 감기라면 공황장애는 독하게 오는 독감에 비유할 수 있겠다.

20대 청년의 공황장애는 취업난의 사회적 위기가 불안을 조성해 급성으로 온 경우가 많다. 그것은 동시대에 사는 많은 청년들이 집단으로 앓는 고통이다. 불안이 몸으로 나타나면 사람들은 본능적으로 몸을 더 쓰려 한다. 마음이 몸에게 쉬라고 보내는 신호를 해독하지 못해서다. 복식호흡으로 몸의 긴장을 풀어주고, 명상으로 마음의 긴장을 풀어주라. 즐거운 놀이를 함으로 감정을 순화시켜라. 증상은 현저히 줄어들고 마음이 정리되어 자신감을 회복할 수 있을 것이다.

불안은 스트레스로 자신의 존재를 예고한다. 스트레스는 마음에 더 큰 병이 생기기 전에, 어떤 생각이나 행동을 잠깐 보류하고 쉬었다 가라는 신호다. 웬만한 스트레스는 며칠 쉬면 사라진다. 원시인도 사냥에 실패하면 스트레스를 받는다. 며칠은 푹 쉬었다 사냥하라는 거다. 그래야 사냥감인 짐승도 긴장을 풀고 좀 쉰다.

스트레스에 시달리는 사람이 좀 쉬면, 자신만 쉬는 것이 아니라 그와 연대하고 있는 모든 것도 함께 쉰다. 우리가 살면서 얻는 병은 '내 병'이면서, 꼭 '내 병'만은 아니다. 내가 병들면 공동체도 함께 병들고, 내 병이 치료되면 공동체의 병도 함께 치료된다. 이 원리를 가족에 대입해보면 자명해진다.

숨 가쁘게 돌아가는 한국 사회에서 쉬기는 정말 힘들다. 경쟁자는 뒤에서 따라오고, 앞을 보면 또 다른 경쟁자가 저만치서 달리고 있다. 새벽에 출근했다 새벽에 퇴근하는 사람들은 많다. 법으로 주당 최대 근로시간을 못 박는다고 해도 법의 사각지대는 항상 있다. '쉬었다 가라'는 표지판 앞에서 쉬지 못하니, 상대도 쉬지 못하여 사회적 불안지수는 더 높아진다. 최근에 공황장애 환자가 증가하는 것은 전혀 이상한 일이 아니다.

살아있는 모든 것은 죽음 본능보다 삶의 본능이 더 강하다.

살려면 쉬어야 한다. 쉬는 것이 사는 것이다. 사람은 일하기 위해 쉬는 존재가 아니라, 쉬기 위해 일하는 존재다. 일하면서 일에만 집중하면 좋겠지만, 그 일에 집중하지 못하고 다른 생각과 싸우니 쉬지 못한다. 그래서 정신은 마음의 병을 만들어 쉬지 못하는 사람을 강제로 쉬게 한다. 그래도 쉬지 못할 환경이니 공황장애 환자는 증가한다.

세상이 강요하는 것을 우습게 여기자

공황장애 증상이 시작되었다면, 즉각 쉬어라. 경쟁 구도에서 잠시 물러나 앉아 '나는 지금 무엇을 위해 경쟁하고 있는지' 살펴라. '나는 삶을 경쟁으로 보는지, 진정한 자기실현으로 보는지' 살펴라. 내 존재의 기반이 어디에 있는지 살펴라. 우리는 진정한 자기로서의 삶을 살기 위해서 세상에 왔고, 그것은 경쟁이 아니라 삶에 대한 성실과 애정의 문제다.

　어릴 때부터 우리를 경쟁 구도에 밀어넣은 집단의 요구를 멀리하라. 공황장애는 집단의식에 묶인 우리를 해방시키려는 친절한 질병이다. 우리 위에 있어 우리를 조종하고 통제하려는 집단의식을 경멸하라. 우습게 여겨라. 우리를 위협하는 불안지수는 뚝뚝 떨어질 것이다. 그리고 나의 정체성을 가지고 집단으로 다시 들어가라. 당신의 존재감은 더욱 생생해질 것이다.

나는 예술영화를 가끔 즐긴다. 영화 스토리를 따라가며 심리학적 분석을 해보는 것은 나에게 쉼이다. 그런데 몇 년 전부터 나의 쉼은 재미가 없어지고 지루하고 졸렸다. 나도 모르는 사이에 영화의 대사에 연연하면서 쉼이 일로 바뀌고 있었던 것이다. 나는 대사가 아닌 영상을 먼저 보기 시작했다. 예술영화일수록 영상으로 읽을 수 있는 것은 더 많았다. 영화는 다시 나에게 쉼이 되었다.

공황장애는 일을 따라다니느라 주변을 보지 않고 달려온 사람에게, 이제는 주변을 보면서 천천히 인생 여행을 하라는 마음의 표지판이다. 하다못해 발코니에 있는 꽃 화분이라도 관심 있게 보라. 하루 24시간에 하늘 한 번 보지 못하고 달리는 삶은 바쁘게 잘 사는 것이 아니다. 하늘의 구름과 달과 별을 주의 깊게 봐라. 생각을 줄이고 지금 눈에 들어오는 것을 잘 보라. 그러는 사이에 당신은 공황장애의 표지판을 통과하게 될 것이다.

일찍 은행 지점장이 된 어느 분에게 들은 말이다.

"나 때는 빨리 진급하느라 물불 가리지 않고 일하고 윗분들 비위를 맞췄다. 요즘 후배들은 스트레스를 달고 사는 지점장이 안 되어도 좋으니 천천히 진급하고, 가족과의 즐거움을 우선으로 하겠다고 하는 경우가 많다. 나 때와 비교되어 젊은 그들이 답답해보이기도 하지만, 다시 생각해보면 지점장이 행복의 보증수표이기는커녕 돈 조금 더 받고 몸과 마음을 갉아먹는 일인데, 여유 있게 살아가는 그들이 부럽다."

그가 말한 요즘 후배들은 경쟁사회에서 뒤처진 것이 아니라 자기만의 인생 철학을 가진 것이다. 어쩌면 지점장보다 더 진화된 인생을 살고 있을 수도 있다. 사람의 영적 진화는 자신만의 독자성을 드러내는 것이다.

공황장애를 극복하는
근본적인 방법

정신치료 전문가들은 공황장애 환자들에게 권한다.

"운동하세요", "취미생활을 하세요", "술을 줄이세요", "담배 끊으세요", "커피를 줄이세요……."

다 '쉼 요법'이다. 그래도 안 되면 약물치료를 권한다. 어린 시절의 성장 환경에 뿌리를 두지 않은, 급성으로 온 공황장애는 쉼 요법으로 치유될 수 있다. 그러나 공황장애 표지판의 본질적 메시지를 읽어야 인생의 공황장애에 걸리지 않는다. 마음이 질병으로 보내는 메시지는 거의 다 사고의 전환이다.

공황장애로 한 5년간 약물을 복용했다는 50대 내담자를 만난 적이 있다. 그는 약물은 쉬지 않고도 인체에 생화학 반응을 유도해 쉬게 하는 효과를 낸다고 했다. 투약으로 불안을 잠재운 것이다. 증상은 잠시 없어졌지만, 오랜 투약으로 정신의 부조화가 발생해 멍해지고 기억력이 감퇴되고 잠이 많아져 삶의 질이 많이 떨어졌다고 했다.

그는 온전한 정신이 아닌 상태에서 벗어나기 위해 심리치료를 선택했다. 복잡한 감정과 생각을 자유롭게 말할 수 있는 한 시간의 상담은 그에게 평화로운 휴식이었다. 상담 회기가 증가하면서 그는 평화로운 휴식의 공간을 스스로 창조하는 힘을 가지게 되었고, 상담은 끝났다.

약물은 병을 치료하는 것이 아니라 달래는 것이다. 약물에만 의존하면 약물이 엄마가 되어 평생 엄마를 끼고 살아가야 한다. 본인의 의지로 약을 끊는다. 단약으로 그동안 억압했던 불안이 한꺼번에 올라오면 잠깐은 더 고통스럽다. 막아놓았던 불안이 제 존재를 알리려고 대대적인 전쟁을 일으키는 것이다. 이때 주변의 도움을 받아서 잘 견뎌보라. 스스로 견디는 힘이 생길 것이다. 자아는 불안을 억압하는 일을 안 해도 되니 잉여 에너지는 새로운 것을 찾는다. 당당히 자기로 살 수 있는 길이 열린다.

처녀 때부터 공황장애 약을 복용하다가 뒤늦게 자상한 남편과 결혼하여 증상이 개선되어 단약을 한 40대 여성이 있었다. 그녀는 아이를 두 명 낳고 아이 교육에 본격적으로 신경을 써야 할 무렵에 그녀만의 완벽주의가 작동해 공황장애가 재발되었다. 마침 부부는 뉴질랜드로 취업할 기회를 얻었고, 서슴지 않고 이삿짐을 꾸렸다. 부부는 그곳의 자연환경에 맞추어 하루세 끼 먹으면 족하다는 마음으로 쉬엄쉬엄 살기로 작정했다. 초기에 적응기간을 빼고는 공황장애가 재발되는 일 없이 그녀는 정말 잘 지냈다. 내가 변하기 힘들면 환경에 변화를 주어 나를 변하게 할 수도 있다.

남태평양 비문명의 섬에는 공황장애를 비롯한 신경증 환자가 없다. 자신과 주변을 비문명의 섬으로 만들면 공황장애는 사라진다. 느리게 쉬엄쉬엄 행하라. 그리고 당신 주변에 있는 것을 보라. 나태주 시인의 〈풀꽃〉을 기억하라.

"자세히 보아야 예쁘다. 오래 보아야 사랑스럽다. 너도 그렇다."

그동안 당신이 무시한 '볼 것'의 소중함을 알면 공황장애는 축복이 된다.

내가 공황장애의 실상을 너무 가볍게 보는 것은 아니다. 센 약물을 복용할 수 있고, 병원에 입원할 수도 있다. 그들의 고통은 가족이 함께 지기도 한다. 외부의 도움이 필요할 수도 있다. 그렇다고 하더라도, 가장 근본적인 대책은 자신이 세워야 한다. 천천히 쉬엄쉬엄, 생각은 줄이고 보이는 것을 잘 보아야 한다.

인생의 절반쯤 왔을 때,
봐야 할 작품들

성장의 생애 주기에 있는 사람들은 대체로 성장 드라마를 좋아한다. 가까이는 안방 TV드라마, 예술성 있는 영화, 뮤지컬 혹은 연극 등이 있다. 책 읽기를 좋아하는 사람에게 소설은 더없이 좋은 성장 드라마다. 한 사람이 좋아하는 드라마의 종류는 그가 원하는 성장의 상태와 방향성을 말해준다.

드라마를 보는 일차적 이유는 재미있어서다. 재미있다는 것은 극중 인물과 자신이 동일시되었기 때문이다. 주인공이 겪는 갈등과 갈등 처리 과정, 그리고 주인공의 승리는 곧 자기 것이 된다. 이러한 동일시는 마음을 치유하고, 자신도 잘 몰랐던 무의식적 소망이 의식화되어 의식의 지평이 넓어진다. 좋은 성장 드라마 한 편으로도 자기가 진정으로 원하는 것이 무엇이며, 어떻게 사는 것이 자기 삶인지 깨달음을 얻을 수 있다.

나이 50은 자신이 원하는 인생 후반을 만들어가기 위한 성장의 주요 변곡점이다. 이때 성장 드라마는 자신의 소망을 이야기와 표상으로 경험하게 해준다. 드라마를 한낱 허구로만 취급하거나, 시간 낭비로 보는 것, 그 속뜻을 이해하지 못하는 사람도 있다. 그들은 내면에 있는 무궁한 삶의 자원을 외면하고 한정된 외적 세계에서만 삶의 의미와 기준을 찾는 얄팍한 삶을 살 수밖에 없을 것이다.

나는 주로 중년 회원으로 구성된 영화 후기 모임을 주최하고 있다. 같은 영화를 보았으면서도 어쩌면 그렇게 다른 피드백이 나오는지 놀라울 때가 많다. 더 놀라운 것은 그 피드백은 본인이 의식하든 의식하지 않든 다 자신의 내적 치유, 그리고 성장과 소망에 근거를 두고 있다는 것이다.

이 장에서는 중년의 성장이라는 관점에서 몇몇 TV드라마와 영화를 분석해보려 한다. 여러 인생의 다양한 모습을 표현하는 스토리 안에서 우리의 후반기를 잘 넘기도록 도움이 되는 자기만의 관점을 발견하기를 바란다.

〈SKY 캐슬〉은 부모들이 흔히 범하기 쉬운 '자식의 삶을 내 삶으로 만드는 것'의 말로를 보여준다. 우리는 부모의 마땅한 도리로 위장된 부모 자식 관계의 신화에 빠질 위험이 있다. 한국처럼 오랜 세월을 혈연 공동체로 맺어진 진한 흔적이 있는 문화에서 분리는 정말 힘든 과제가 된다. 필자의 가족 상담 경험에 의하면, 대부분의 가족

갈등은 가족 구성원 간에 성숙한 분리가 안 되어서 생긴다.

〈SKY 캐슬〉은 가족 구성원이 성공적으로 분리된 한 가족과 그렇지 않은 다수의 가족을 대비시키며, 부모가 자식에게 해줄 수 있는 최선의 것이 무엇인지를 보여주고 있다. 중년의 부모와 사춘기 자녀가 서로 융합되어 있다면, 안전할 것 같으면서도 각자의 삶을 못 살게 하는 족쇄가 된다는 것을 드라마는 보여준다.

비욘 룬게 감독의 〈더 와이프〉는 어린이성에 사로잡힌 남편에게 자신의 인생을 걸은 한 중년 여성이 자기를 찾아가는 과정을 그린 영화다. 아내를 수단으로 사용하는 남편의 욕망을 알아차리고 남편으로부터 서서히 자신을 분리시키는 과정이지만, 정확히 말하면 아내 스스로 자신의 내면에 만든 남편의 그림자를 떼어내는 내적 작업이다. 영화는 남편의 죽음으로 끝나는데, 이는 아내의 무의식에 드리워진 남편의 그림자에서 해방되어 드디어 자기가 되었다는 것을 암시한다. 지금은 다른 어느 때보다도 여성의 권익에 관심이 많은 시대다. 중년 여성이 어떻게 자신의 권익을 찾아 제2의 인생으로 도약할 수 있는지 부부 이야기를 통해서 제시하고 있다.

세계를 놀라게 한 봉준호 감독의 〈기생충〉은 자본주의 사회의 빈부 격차를 너무 야비하게 드러낸 영화다. 영화후기 나눔의 참석자들이 이구동성으로 외쳤듯이 아주 불쾌하고 재수 없고 절망하게 하는 영화다. 그러나 심리학적으로 보는 〈기생충〉은 의식과 무의식의 갈등을 매우 흥미롭게, 박진감 넘치게 보여준다. 부자와 빈자의 무의식에 숨은 욕망의 그림자를 조금씩 점차적으로 확대해서 보여주는 과정이 관객을 긴장시킨다. 모든 그림자는 밝음의 이면이다. 필자는 영화의 어두움에 감춰진 성장의 밝은 요인을 끄집어내어 보았다.

나딘 라바키 감독의 〈가버나움〉은 국적이 없는 12세 난민 소년이 주인공이다. 소년은 암울한 난민의 현실을 구원할 메시아 상을 부여받았다. 메시아 상은 중년에 들어 제2의 인생을 살기로 작정한 사람들이 각자의 무의식에서 의식화해야 할 원형이다. 즉 자기가 자신을 구원하는 것이다. 성장의 주요 시기에는 자신에게 필요한 것은 먼저 자기 안에서 찾아야 한다. 영화는 소년에게 모성을 부여함으로써, 난민을 구원할 메시아는 모성으로 온다는 것을 보여주고 있다. 나이 50은 비로소 이 세상의 난민으로 자기 인식이 시작되는 시기다. 이때 필요한 것은 내가 나를 다독이는 모성의 따뜻함이다.

김보라 감독의 〈벌새〉는 이제 막 세상을 배우기 시작하는 14세 소녀를 주인공으로 한다. 영화는 거대하고 낯선 세계에 던져진 소녀의 고민으로, 세상을 다 배웠다고 자부하는 어른들의 무지와 오류를 지적한다. 소기의 목적을 성취한 어른은 성취한 그것이 인생의 유일한 지침표가 될 수 있다. 그들의 사고와 감정은 더 깊어져야 할 필요가 있다. 그래야 세상은 더 큰 행복의 황금어장이 된다.

중년은 이제 막 사춘기에 들어서 자신을 둘러싼 모든 것을 낯섦과 호기심과 엄청난 기대로 바라보는 그들의 자녀에게 사고와 감정 이입을 해야 한다. 그래야 삶에 융통성을 가질 수 있고, 노년이 되어도 심리 정서적으로 이완된 삶을 살 수 있다. 영화는 고민을 잃어버린 어른을 고민하게 하여, 그들도 14세 소녀처럼 세상에서 더 배울 것이 많다는 것을 은근히 깨닫게 한다.

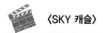

그래도 SKY 캐슬에 살고 싶은 당신을 위해

드라마 〈SKY 캐슬〉은 제목부터 이야기가 어떻게 전개될지 암시한다. 성은 땅에 기반을 두어야 견고한데, 하늘에 쌓은 성은 바라보기는 우아해도 곧 무너져버릴 허상이다. 우리는 아동기에, 그리고 지금도 삶에 지쳤을 때, 하늘을 나는 꿈을 꾼다. 비록 허상으로 끝난다 하더라도 'SKY 캐슬'에 살고 싶은 욕망은 버릴 수 없다.

인생은 하늘에 떠 있다가 땅으로 내려오는 긴 순례 이야기, 한 편의 장편소설이다. 그리고 흙이 되는 간단한 의례를 치르고 나면 소설은 끝난다. 우리는 이 땅에서 더 행복하기 위해 아련한 미련으로 남을 SKY 캐슬을 땅으로 내리는 작업을 해야 한다.

드라마는 제목에서부터 명백한 복선을 깔아놓았다. 결과가 어떻게 끝이 날지 다 알면서도 버리지 못하는 인간의 욕망을 조소하듯 말이다. 결과는 영재 가족으로 대변되는 허황된 욕망의 몰락이다. 욕망은 후진 없는 급행열차여서 일단 앞으로 나간 후에는 다시 돌아오기 힘들다.

부모의 욕구 충족을 위해서 공부의 노예가 된 영재. 영재의 노예
근성을 이용하여 억압적으로 공부시킨 입시 코디네이터. 부모에 대
한 복수심이 승부욕으로 전치되어 서울의대에 합격한 영재. 부모의
욕구를 채워준 뒤 입학을 포기하고 집을 뛰쳐나감으로 부모에게 복
수하는 영재. 이 사단에 대한 죄책감을 견디지 못해 자살한 영재 엄
마. 대학병원 의사인 영재 아버지는 모자의 몰락을 견디지 못해 폐
인이 된다. 그래도 SKY 캐슬에서는 허황된 욕망이 계속된다.

"아니야, 그것은 영재네 가족사일 뿐이야. 우리 가족과는 상관없
어. 절대로……."

욕망은 욕망을 낳고 욕망으로 무너진다. 채울 욕망이 많을수록
더 많은 욕망이 양산되고 무너질 욕망도 많아진다. 상위 0.1퍼센트
에 드는 SKY 캐슬의 부모, 그들의 거침없는 욕망은 자녀에게 투사
된다.

"다 너희들 잘되라고 그러는 거야. 너희들도 우리처럼 살아야 해."

부모와 자녀의 경계선이 사라지면 공존이 아니라 공멸만이 남는다.

부모와 자녀는 개체로서 고유한 인격을 가지고 있다. 이들의 분
리는 자녀의 사춘기, 부모의 사추기에 일어난다. 부모와 자식이 상
위 0.1퍼센트가 누리는 혜택으로 '샌드위치' 되어 있으면 언제 폭발

할지 모를 시한폭탄이 된다. 사춘기 자녀는 부모에게 저항하고, 사추기 부모는 자녀에게 거리 두기를 함으로 시한폭탄의 뇌관은 제거된다. 성숙한 사랑은 관심을 가져야 할 때는 관심을 가지고, 무관심해야 할 때는 무관심한 것이다. SKY 캐슬의 부모는 이렇게 말할 것이다.

"우리가 자녀에게 줘야 하는 최고의 가치는 우리처럼 상위 0.1퍼센트의 혜택을 누리게 하는 일이다. 아직은 너희들이 어려서 잘 모른다. 어른이 되면 지금 우리 마음을 알게 될 거다. 누가 뭐래도 우리는 이 일을 완성시킬 것이다."

그들의 자녀는 물을 것이다.

"당신들은 부모가 원하는 대로 살아왔습니까? 그렇다고 칩시다. 그럼, 지금 행복합니까?"

SKY 캐슬의 부모는 그들의 자녀를 쏘아보며 말할 것이다.

"행복은 가진 자의 것이다. 행복이 마음속에 있다는 것은 가지지 못한 사람의 자기변명이나 위로에 불과하다. 우리의 행복은 너희들이 서울의대에 가기까지 잠시 미뤄놓았다."

그들의 자녀는 당돌하게 물을 것이다.

"당신들이 상위 0.1퍼센트에 들어가기 위해 한 일들을 자식들에게 떳떳이 다 공개할 수 있습니까? 당신의 자녀도 그렇게 되기를 원합니까?"

잠시 침묵이 이어질 것이다. 그리고 각자 자기 방으로 들어갈 것이다. 욕망의 행진은 멈춰야 한다. 나는 자식을 고유성을 가진 온전한 인격체로 보는가, 내 욕망의 투사대상으로 보는가? 나는 부모와 공존 관계인가, 책임적 존재로 분리를 시도하고 있는가?

대상 관계 이론에서 내 편의대로 사용하는 대상을 '부분 대상'이라 하고, 고유성이 인정된 타자를 '전체 대상'이라고 한다. 전자가 도구적이라면 후자는 목적적이다. 부분 대상 관계를 만들어가는 사람에게는 두 가지 특징이 있다. 대상을 소유하려는 것과, 대상의 감정에는 무관심한 것이다. 전체 대상 관계의 특징은 그 반대다.

SKY 캐슬에 사는 사람들은 SKY 캐슬을 위해서 존재한다. 존재의 기반이 소유물이 되면 거기에는 부분 대상 관계만 존재한다. 돈을 사이에 두고 혈육끼리 전쟁을 치르는 것은 돈이 기반이 되어 서로가 서로를 도구화시키는 부분 대상으로 보기 때문이다. 〈SKY 캐슬〉은 부분 대상 가족 관계의 말로를 보여준다.

영재 가족의 몰락을 보았으면서도 그 뒤를 따라가는 예서 엄마는 가족은 물론 다른 사람들과도 인격과 정서적인 관계를 맺지 못한다. 페어베언은 이를 대상에게서 인격을 벗겨내는 '대상의 탈인격화' 그리고 대상에게서 정서를 벗겨내는 '대상관계의 탈정서화'라고 했다. 그 원인은 성장기에 좋은 관계 경험이 부재했기 때문이다.

사람이 사람을 대하는 방식은 그의 지식이 아니라, 그의 성장기 관계 경험에 기초를 둔다. 예서 엄마의 불안정한 관계 방식은 인격과 성격의 문제라기보다는 유년기에 그녀가 받은 인격적 정서적 결핍을 말해준다. 생애 후반에는 자녀 및 그 밖의 다른 관계에서 갈등이 유발됨으로 자신의 결핍을 발견하고 채워나가야 하는 동기를 부여받는다. 타자에게 온전한 인격을 부여하여 관계를 맺고, 연대감을 가질 수 있어야 삶이 통합된다. 당신이 돌봐야 할 어린 손주는 물론이고, 당신이 만나는 모든 사람을 고유한 인격체로 보고 대함으로써 당신은 온전한 인격으로 거듭날 수 있다.

생애 후반에는 함께 갈 수 있는 사람과 함께 갈 수 없는 사람이 분명히 정해진다. 나와 함께 갈 수 없는 사람은 누군가와 함께 갈 것이니, 나는 그를 버린 것이 아니라 그의 길을 열어준 것이다. 또한 함께 갈 때와 각자 갈 때를 구별할 수 있어야 한다. 불필요한 동정은 서로의 길을 방해한다. 가족 구성원들은 서로 얽혔다가, 독립된 존재가 되었다가 다시 만남으로 평생 동반자로 관계의 성장을 가져온다.

예서 가족과 대비되는 가족이 우주 가족이다. 우주의 부모는 재혼했다. 우주 엄마는 계모. 오히려 이러한 적절한 분리가 서로의 인격과 감정을 존중하는 전체 대상 관계가 될 수 있음을 보여준다. 어떤 인간관계에서도 더 이상 가깝지 않고, 더 이상 멀지 않으면서도 은은한 사랑을 주고받을 수 있다면, 그는 관계의 과제를 성취한 것이다.

〈SKY 캐슬〉의 가족은 서로의 감정에 너무 얽혀 있었고, 결국 그것 때문에 몰락했다.

미숙한 남성성에서 벗어난 여성

비욘 룬게 감독의 영화 〈더 와이프〉는 남편의 성공을 삶의 목표로 삼고 남편의 대리 작가가 되어주었던 아내가 자기를 찾아가는 내용이다.

이 영화의 주제는 생애 후반기를 사는 여성이 자신 안에 있는 남성성인 아니무스를 의식화시켜 인생을 당당히 살아가게 되는 성장 과정을 보여준다.

영화는 남편 조가 노벨문학상을 수상하게 되었다는 소식을 듣는 것으로 시작한다. 남편을 대신해 소설을 써온 아내는 남편과 함께 기뻐하나, 자신이 받아야 할 상을 당연한 듯 여기며 허세 부리는 남편의 모습에 질색하고 참을 수 없게 된다. 아내는 마침내 자기의 삶을 살기로 작정한다. 그리고 남편이 죽는 것으로 영화는 끝난다.

영화 후기 모임에 참석한 여성들의 공통된 의견은 이랬다.

"남편이 죽는다고 아내의 억울함이 보상받는 것은 아니다. 남편의 죽음은 면피성이다. 남편을 살아있게 하여 아내가 남편의 면전에서 자기 주장을 당당히 외쳐야 한다."

나는 남편이 죽어야 한다고 했고, 모임에 참석한 여성들은 환호를 질렀지만 그것은 너무하다는 말을 했다.

"남편이 죽어야 아내가 자기 삶을 산다."

남편 조는 전형적으로 '어린이성에 갇힌 남자'다. 조는 지금 하는 일에 집중을 못 하고, 덤벙대고, 허세 부리고, 먹는 것을 탐하고, 초조해하고, 목소리가 크고, 거짓말을 일삼고, 성적으로 충동적이다. 강박증도 가지고 있다. 분석심리학에서 말하는 '영원한 어린이eternal child'의 특성을 그대로 가지고 있다.

반면 아내 조안은 '자기 욕구를 뒤로 하고 가족에게 헌신하는 여성'이다. 그녀는 남편을 위해 자신의 뛰어난 문학적 재능을 헌신했다. 삶을 당당히 살게 하는 그녀 안의 남성성은 억압되었다. 자녀와 남편을 돌보고 헌신하는 것을 여성의 이상으로 삼는 '모성 콤플렉스' 특성을 가졌다. 그녀의 남성성은 덜 성숙한 상태로 그녀의 무의식 안에 남아 있었다.

이 영화를 소설로만 읽어낸다면, 남편이 어린이성에 고착된 것은 아내에게도 책임이 있다. 유부남이었던 조가 이혼하여 자신과 재혼하는 데 아내도 일조했다. 당시 여성들도 유명 작가가 될 수 있음에도 불구하고, 그녀는 그 가능성을 믿지 않고 자신의 문학적 재능을 남편에게 헌신하는 것으로 자기 위로를 삼았다. 아내는 자식들에게 향해야 할 에너지조차도 남편에게 쏟아부음으로 자녀를 소외시켰다. 남편과 아내는 무의식적으로 무엇인가 주고받으며 역할 놀이를 한 것이다. 칼 융은 이렇게 말했다.

"궁극적으로 우리 자신으로부터 유래하지 않은 어떤 어려움도 없다."

아내는 수동적으로 살아온 자기 인생을 원망했고, 그 중심에는 남편이 있었다. 그것은 남편 때문만이 아니라, 자신이 이미 가지고 있던 것이다. 만일 아내의 무의식에 있는 남성성이 미숙한 상태가 아니었다면, 그녀는 남편에게 헌신한 에너지를 자신에게 사용하여 자기 삶을 살았을 것이다. 그녀가 진심으로 미워한 것은 남편이 아니라, 남편을 대하는 방식을 만들어낸 그녀 안의 미성숙한 남성성, 즉 아니무스다.

어떻게 무의식에 갇힌 미숙한 아니무스를 성장시켜 모성 콤플렉스에서 벗어날 수 있을까? 나는 개성화의 전형적 과정인 4단계가 아닌, 그 배수인 8단계로 설명해보겠다. 이 과정은 자신의 무의식을 들여다보고 변화하려는 모든 여성에게 지침이 될 것이다.

아내 조안의 개성화 과정

1. 의미 있는 사건

성장의 욕구는 의미 있는 사건을 계기로 촉발한다. 성장 욕구가 크면 사건은 더 폭발적이다. 영화는 남편이 노벨문학상을 받게 되었다는 전화 통보를 받는 것으로 시작한다. 자다가 벌떡 일어난 남편은 아이처럼 감정을 주체하지 못하고, 아내는 늘 그랬던 것처럼 남편의 즐거움에 맞춰주는 역할을 한다. 그런데 이번엔 달랐다. 희망의 뉴스에 희망이 아닌 것이 있었다.

'노벨상은 내가 받아야 하는 것 아닌가? 나는 지금까지 누구를 위해서 살아왔는가?'

아내의 얼굴에 익숙한 무거운 그림자가 잠깐 스친다.

이처럼 성장은 잠깐 멈춰 서서 자기 삶을 진지하게 반성함으로 시작한다. 생애 중요한 시기에 만나는 평범치 않은 사건은 비록 그것이 외부에서 일어났다고 해도, 내면에 주는 메시지가 더 크다.

2. 사건은 현실을 인식시켜준다

성장은 내면의 작업으로 진행된다. 내면의 작업은 올바른 현실 인식 위에 자리를 잡아야 퇴행적 환상에 사로잡히지 않는다. 아내 조안은 자기 것을 포기하면서까지 남편 조에게 충성과 기대를 걸었다.

올바른 현실 인식은 의문을 만든다.

'그럼, 그런 남편은 아내를 진심으로 존중해주었는가?'

남편은 애당초 그런 능력이 없었고, 유아적 자기애에 고취되어 있었을 뿐이다. 아내는 그런 남편에게 희망을 걸고, '남편의 성공이 곧 나의 성공이려니' 하고 살아온 지나간 날의 허상을 깨달았다. 허상을 집어던지고 지금 여기에서 자기실현의 꽃을 피우려면, 그동안 외면해온 실망스러운 감정들과 직면해야 한다. 이는 괴로운 과정이다. 분석심리학에서는 이를 '내 안에 있으나 내가 원하지 않은 어두운 인격'과 만나는 '그림자의 자각'이라 한다.

3. 그녀 안의 남성성과 조우하라

아내는 노벨문학상 수상 장소까지 따라온 전기 작가 나대니얼을 만난다. 그는 이들 부부의 뒷조사를 이미 마쳤고, 아내가 남편의 대리 작가라는 1급 비밀도 알고 있었다. 그날 밤에 아내는 그와 함께, 남편의 권유로 끊은 술을 마셨고 담배도 피웠다.

남편과 분리될 시간이 다가왔다는 것을 말해준다. 나대니얼은 감정적이고 주관적인 환상에 빠져 있던 조안을 이성적이고 객관적인 입장을 취하게 한다. 조안이 자신의 이름으로 글을 쓸 수 있다고 확신시킨다. 나대니얼은 그녀 안에 있는 남성성, 즉 아니무스를 일깨웠다. 아니무스는 영혼의 안내자로서, 여성은 그 안내를 잘 따라야 그녀의 남자에게 벗어나 자기로서 살 수 있다. 그러나 아내 조안은 아직 그의 말을 받아들일 수 없었다. 남성성의 분화는 점진적인 과정이고, 성장의 욕구를 가진 여성은 꼭 그 과정을 거친다.

4. 억압된 감정의 출현

숙소로 돌아온 아내는 늘 그랬듯이 자신의 동선을 꼬치꼬치 캐묻는 남편의 어린이성과 마주해야 했다. 그러나 그날은 당당했고, 남편은 당황했다. 그동안 억압된 감정이 표출되었다. 즉 나대니얼의 도움을 받아 헛된 기대에서 벗어나니, 오래 묵은 부정적 감정이 터져나왔다.

이처럼 성장의 주요 시기에는 낯선 감정이 외부로 발산되는데, 그것은 타인 때문이 아니라, 자기 안에 있는 미성숙한 점 때문이다. 당신의 갑작스러운 태도 변화에 주변 사람들이 당황할 수도 있으나 그렇다고 뒤로 돌아가면, 갈 길은 더 멀어진다. 걱정하지 말라. 주변 환경은 당신의 내적 성장에 맞게 조율된다. 아니면 당신의 감정을 표현할 세련된 방법을 찾게 될 것이다. 예전의 방식으로 회귀하는 것은 엄마 뱃속으로 다시 들어가는 것과 같다.

5. 참된 자기와의 만남

부부의 딸이 아들을 낳았다. 스웨덴 스톡홀름의 한 호텔에서 부부는 얼싸안고 손자의 출생을 기뻐한다. 두 부부 사이에 조금 전에 일어난 갈등은 아무것도 아닌 것처럼. 다소 생뚱맞은 이 경사는 전체 맥락에서 무엇을 의미할까? 왜 작가와 감독은 이 장면을 넣었을까? 아마도 기쁨을 상징적으로 표현하고 싶었을 것이다.

어린아이는 무의식에 보다 가까이 있음으로 인간 본래의 상태에 근접한 존재다. 또한 무한 성장의 가능성도 있다. 분석심리학에서는 어린아이는 '참된 자기'의 상징이다. 민담이나 동화에서 아이의 탄생은 새로운 시대의 도래를 의미한다. 아내 조안에게 새로운 시대, 즉 참된 자기를 만나는 시간이 다가왔다는 것을 의미한다. 아내가 기뻐한 대상은 손주의 탄생이 아니라, 제 안에 있는 참된 자기의 탄생이다.

6. 자기의 회복

성장하려는 사람은 많은 어려움을 이겨내야 하나, 이겨내는 힘도 함께 존재한다. '자기'를 회복하면 그 밖의 다른 힘든 일들은 더 이상 힘들지 않다. 노벨상 수상을 축하해주는 사람들 앞에서 남편은 자신의 죄책감을 변호하는 말을 한다.

"내 아내는 글을 쓰지 않는다."

아내의 자기는 글쓰기에 있었다. 아내는 글을 쓰지 않는다는 남편의 말에서 평소와는 달리 자기를 빼앗긴 느낌이 든다. 위선과 거짓으로 꾸며진 남편의 노벨상 수상 소감에 아내는 굳은 결심을 한다.

"당신을 떠날래요. 더 이상은 못해요. 놀란 척, 슬픈 척, 충격받은 척하지 마세요."

남편을 떠나겠다는 것은 지금까지 헌신해온 자신의 미숙한 아니무스로부터 떠나겠다는 것이다. 그녀에게는 모험이 필요한 일이다. 불안하고 두렵기도 하다. 그러나 새로운 삶에 대한 기대는 불안과 두려움을 앞선다. 여성은 남성이 만들어놓은 인습과 관습에서 자유로워져야 참된 자기로 살 수 있다.

7. 부정적 아니무스의 대대적인 공격

성장에는 성장을 가로막는 장애물이 항상 있게 마련이다. 남편은 아내를 놓아주지 않으려 한다. 이처럼 여성이 자기 길을 가려는데 앞에 막아서는 남성성을 '부정적 아니무스'라고 한다. 이는 아니무스의 어두운 부분으로 여성을 사회적으로 단절시킨다.

부정적 아니무스의 반란은 대대적이고, 인습과 관습을 이유로 든다. 남편의 설득이다.

"나 덕분에 당신이 이만큼 삶을 누릴 수 있었던 거야."

이전의 모습으로 돌아오라는 것이다. 그것은 아내에게 죽음이나 다름없다. 부정적 아니무스를 넘어서려는 여성에게는 윤리적 갈등이 일어난다. 그렇다고 값싼 동정으로 뒤를 돌아다보면 부부는 함께 퇴행하고, 함께 미성숙해진다. 중요한 순간에 아내는 사랑을 구걸하는 남편에게 일침을 날린다.

"드레스를 당장 벗고 싶어."

드레스는 노벨상 수상 장소에서 남편을 위해 입은 아내의 옷이다. 여성의 드레스는 남성을 위한 복장이고, 여성을 남편에게 묶어놓는 불편한 옷이다. 남편은 아내 등 뒤로 가서 드레스의 지퍼를 내리는가 하더니, 성적 애무를 한다. 과거에는 이렇게 해서 부부 간의 갈등은 일단락되었다. 그러나 아내는 더 이상 허락하지 않고 분노를 터뜨리며 그 자리를 떠난다. 그녀의 마음을 두렵게 하는 부정적 아니무스에서 해방된 것이다. 앞으로 그녀의 길이 활짝 펼쳐질 것이다.

8. 죽음, 새로운 출발

남편, 곧 부정적 아니무스의 전략은 끝까지 간다. 여성의 마음을 이전으로 돌이키려는 내적 싸움은 끈질기게 지속된다. 남편의 지병인 심장병이 발동했다. 상황은 응급 상태로 전환된다. 그 상황에서 남편은 아내에게 사랑을 확인받으려 하고, 아내는 사랑을 확인해주고 그의 볼에 입맞춤을 한다.

응급구조대가 충돌했고, 남편은 숨을 거두었다. 남편이 죽었다. 아니 미숙한 그녀의 아니무스가 죽은 것이다. 죽음은 새 출발을 의미한다. 오랜 세월 함께한 그를 입맞춤으로 잘 돌려보냈다. 이제부터 아내는 성숙한 아니무스의 안내를 받을 것이다.

죽음은 이전 것과의 작별이며 새로운 것과의 만남이다. 즉 새로운 탄생을 의미한다. 미숙한 남편(부정적 아니무스)이 죽어야 성숙한 남편(긍정적 아니무스)이 부활한다. 이제 그녀가 할 일은 그녀의 이름으로 그녀의 소설을 내는 것이다.

빈부의 윤회를 끊어라

봉준호 감독의 영화 〈기생충〉을 본 첫 소감은 '완벽했지만 불편했다'였다. 빈부 격차의 비열함을 이렇게 적나라하게 다뤄도 되는가? 부자도 승자가 아니고 빈자도 승자가 아니었지만 부자에 대한 로망을 못 버리게 하는 영화다.

아무리 막장 영화라고 해도 유치한 교훈 한두 개는 들어 있으나, 〈기생충〉에는 없다. 빈자가 부자의 선을 넘거나, 부자가 선을 넘어 빈자에게 다가가는 것은 현실적으로 불가능하다는 인식만 각인시켰다. 그러나 72회 프랑스 칸 영화제 황금종려상, 인종의 벽이 높은 92회 아카데미 시상식에서 4관왕(각본, 국제장편영화, 감독, 작품) 등 각종 상을 수상한 점으로 미루어 보아, 영화의 짜임새와 은유는 완벽했음을 알 수 있다. 영화의 대사 하나, 장면 하나, 빠뜨릴 것이 없다. 모든 예술작품은 무의식의 투사다. 〈기생충〉은 인간의 소망과 욕구를 멈출 수 없는 이야기로 담아냈다.

박 사장 집의 지하에는 그곳을 아지트로 삼아 쾌락을 즐기고 있는 신용불량자 근세가 은둔하고 있고, 그의 아내인 문광은 그 집 가정부로 지상의 물품으로 지하로 나르며 부부의 쾌락을 즐긴다. 박 사장 집으로 위장 취업한 기택 가족은 좋은 구석이라고는 찾아보기 힘든, 생존의 요령에만 밝은 사람들이다. 이 두 가족이 박 사장 집에서 기생하여 사는 기생충이다. 박 사장 가족은 자신들 욕망에 충실하고 구김살 없는 부자로 묘사된다. 빈자와 부자의 선이 허물어지면서, 마치 무협영화처럼 박진감 넘치게 진행되는 이야기는 숨 돌릴 틈도 없이 관객에게 최면을 건다. 프랑스 칸 영화제에서 30초 간 기립박수를 받은 것은 소재, 구성, 이야기 전개, 배경음악 등에서 충분한 이유가 있었다.

1. 욕망과 욕망의 출현

박 사장이 사는 지상의 호화 저택은 의식의 세계다. 그곳은 무의식의 욕망이 원하는 모든 것이 잘 갖추어져 있다. 그곳은 자신의 욕망을 추구하되, 남들에게 피해를 주지 않는 세련된 원칙도 있다. 그 원칙은 본능에 의하여 끊임없이 유혹을 받으나, 가진 것이 많으면 그런 유혹 정도는 다 해결된다.

부자 가족의 결속력이나 인간다운 정이 없어 보이는 것은 이상하지 않다. 욕망을 욕망으로 채울 수 있는 곳에서 인간적 정 따위는 싸

구려 장식품에 불과하다. 아마도 그들은 인간적 정을 가난한 사람의 자기 위안거리 정도로 생각할 것이다.

그 집 가정부인 문광과 그녀의 남편 근세의 아지트인 지하실은 무의식의 세계다. 무의식은 은밀한 충동의 저장소다. 지하실에는 넉넉한 술과 콘돔이 준비되어 있는 부부의 은밀한 쾌락 장소다. 저택의 거실로 나오지 못한, 의식화되지 않은 억압된 공격성이 눌려 있는 곳이기도 하다. 문광 부부는 그들만의 지하실(무의식)에서 밖으로 나올 생각이 없다. 그곳은 자유는 없으나 쾌락은 보장된 곳이기 때문이다.

기택 가족이 사는 반지하 집은 전의식의 세계다. 전의식은 의식과 무의식을 중재하여 무의식적 욕망을 더 현실적으로 가능한 것으로 바꾼다. 기택 가족은 밖을 볼 수 있는 반지하의 작은 창문에 자주 주의를 기울이는 장면이 나오는데, 이는 억압된 욕망을 의식의 세계로 끌어올리려는 소망을 보여준다. 끌어올리는 방식이 곧 그다. 기택 가족의 방식은 호화 저택의 기생충이 되는 것이다.

2. 욕망은 다른 욕망을 낳고

기택 가족은 윗집 사람들이 돈을 주고 구입한 와이파이를 공짜로 잡아 쓰는 최적의 위치를 알고 있다. 구청 소독 자동차가 뿜어대는 소독가스로 습한 반지하를 공짜로 소독하는 방법도 알고 있다. 그들이 아르바이트로 접고 있는 피자 박스에 소독약이 묻어 피자를 먹는 사람에게 피해가 갈 수 있다는 생각은 아예 없는 듯하다. 피자 박스 사장에게 현 아르바이트생을 해고하고 자신을 써달라고 제의하는 기택의 아들 기우, 능숙하게 문서를 위조해내는 딸 기정, 기생충은 자신의 생존 욕망에만 충실하다. 욕망은 욕망을 낳는다.

3. 자기의 그림자

기우의 친구가 반지하에는 어울리지 않는 장식용 수석을 선물로 가져왔다. 재물 운과 합격 운을 가져다준다는 수석이다. 기우는 이 상하게 그 수석이 자기에게 달라붙고 따라오는 것 같아 가슴에 꺼안는다. 수석은 특별한 모양이나 문양을 가진 돌로 자기Self를 상징한다. 자기는 '내가 되고자 하는 것', '내가 되어야 하는 것'을 말한다. 자기는 모든 정신활동의 중심으로 엄청난 에너지를 가지고 있는 원형 중의 원형이다.

그러나 모든 좋은 것의 이면에는 항상 나쁜 것도 있다. '자기'에게도 어두운 부분인 '그림자'가 있다. 자기의 그림자는 무의식의 가장 깊은 층에서 악마의 형태로 존재한다. 자기의 그림자는 자기는 물론 타인도 파멸시키는 엄청난 힘을 가지고 있다. 영화의 절정은 지하에 억압된 악마, 즉 인간의 내면에 억압된 파괴적인 그림자가 밝은 정원 위로 올라와 살인극을 벌이는 장면이다. 이 부분에서 막장 영화가 될 뻔했으나, 그 은유가 매우 섬세했고 세련되었다.

자아가 자기 혹은 자기의 악마적 요소를 만나려면 일련의 과정이 필요하다. 공짜로 얻은 수석처럼 과정이 생략된 허황한 꿈은 악마의 무도회가 된다. 수석이 반지하에 들어오면서 사건은 전개되고, 파국으로 향한다. 사건이 수습되고 나서야, 수석은 본래 자리인 물가로 원위치한다. 참된 자기는 의식의 세계를 활보하면 안 되고 본래 있어야 할 자리에 있어야 에너지원이 될 수 있다.

4. 욕망의 상승

기택 가족의 욕망은 그들이 마시는 술로 상승된다. 반지하에서는 국산 저가 맥주, 박사장 집에 취업한 가족 축하주로 일본산 맥주, 호화 저택 거실에서는 양주를 마신다. 신분이 상승함에 따라 마시는 술의 종류가 다르다. 단번에 취하게 하는 양주는 그들을 호화 저택의 주인으로 착각하게 한다. 자아의 필터를 거치지 않은 욕망은 환상을 실제로 착각한다.

5. 부자의 페르소나에 숨은 기생충

영화 〈타이타닉〉에서 귀족 가문의 남자와 약혼한 로즈는 그들만의 형식적인 겉치레에 질색한다. 합법적이고 도덕적으로 다듬어진 그들의 세련된 페르소나 뒤에는 이기적 욕망이 득실거리고 있었다.

세련됨은 그들이 가장 높이는 처세술이다. 그러나 그 안에는 욕망으로도 채울 수 없는 공허함이 있다.

욕망으로 똘똘 뭉친 박 사장 가족은 가족 수대로 분열되어 있다. 그들의 정중한 예법 뒤에는 공허를 채우려는 은근한 욕망이 합법적 기생충으로 위장되어 있다. 문광 부부와 기택 가족은 박 사장 가족에게 비합법적으로 기생하여 살고, 박 사장 가족은 이들에게 합법적으로 기생하며 산다. 모두가 모두에게 기생충인데, 합법적 기생충은 면죄부를 받는다.

6. 선을 넘는다는 것

영화에서 선은 중요한 의미를 가진다. 긴장감이 흐를 때마다 흘러나오는 불안정한 음악처럼, 그 선은 불안하다. 고용주와 피고용인의 선, 부자와 빈자의 선, 더 나아가서 의식과 무의식의 선은 존재한다. 적대적 감정으로 마주보는 그 선에는 팽팽한 긴장감이 있다. 영화의 박진감은 여기서 나온다.

힘의 균형이 깨져 선의 경계가 무너졌다. 억압된 기생충이 살인마로 돌변해, 생일 축하 공연장이 칼춤이 난무하는 아수라장이 되어버렸다. 호화 저택은 독일인 부자에게 팔렸다. 선이 무너지면 빈자는 패자가 되고, 부자는 여전히 승자가 되는 불편한 원칙을 영화는 예외로 두지 않는다. 살인을 저지른 기택은 문광 부부의 아지트에 자가 감금되었다. 기택의 아들 기우는 돈을 벌어 호화 저택을 구입하여 그 집 지하에 갇혀 있는 아버지도 통째로 구하겠다는 말도 안 되는 다짐을 함으로써, 부자와 빈자의 선은 다시 복귀된다. 강자는 다시 살아나지만, 약자는 이전보다 더 나빠진다. 그래서 아주 불편한 영화다. 자본주의의 허를 깊숙이 찔렀다.

7. 남성 안의 여성, 그리고 여성의 모성

근세의 아내 문광은 달빛이란 뜻을 가지고 있다. 달은 남자 안에 있는 여성성 즉, 아니마를 상징한다. 아니마는 남자가 집단의식으로부터 나와 집단무의식으로 여행함으로 참된 자기를 구현하는 안내자 역할을 한다. 그러나 문광은 근세(남자)를 지하실(무의식) 안으로 퇴행시켜 젖먹이로 만들었고 관능의 노예가 되게 했다. 또한 자기애성 모성으로 남편을 젖먹이 어린이로 퇴행시켜 즐거움으로 삼았다.

퇴행한 남자의 무의식에는 원시적 공격성이 억압되고, 여성의 광적 모성은 광기로 나타난다. 문광은 남편 스스로 신용불량에서 벗어나도록 분리시켜야 했고, 남편은 노숙을 하더라도 그 집 지하실에서 나와야 했다. 중년 이후의 부부는 일정한 선이 있어야 하고, 그 선을 지켜야 서로가 성장할 수 있다는 것을 보여준다.

8. 냄새

습한 반지하에 사는 기택 가족의 옷에서 나는 냄새를, 박 사장은 지하철을 타는 사람들에게 나는 냄새라고 조소한다. 몸 쓰는 일을 하느라 옷이 땀에 젖고 마르고 반복하여 나는 찌든 냄새. 반지하에 사는 사람들, 지하철을 타고 다니는 사람들의 자존감을 박 사장은 건드렸다. 기택의 얼굴에 분노의 그림자가 스친다. 행동과 태도는 선을 넘지 않을 수 있으나, 냄새는 선을 넘는다. 기택은 선을 넘은 박 사장의 가슴에 칼을 꽂는다.

자본주의에서 계층은 냄새로 나타난다. 현장 근로자의 땀 냄새, 사무직의 잉크 냄새, 간부직의 향수 냄새, 임원 및 경영주에게는 최고급 정장 원단 냄새가 난다. 냄새가 곧 그 사람은 아니기 때문에, 냄새는 건드리면 안 된다. 아, 참 나쁜 자본주의!

9. 깜박이는 등

호화 주택의 거실에서 깜박이는 등은 지하실에 있는 근세가 아내 문광에게 보내는 신호다. 무의식에서 의식으로 보내는 신호다. 박 사장 가족 중에 유일하게 이 신호를 알아차린 사람은 어린 아들 다송이다. 어른들은 의식의 소리만 들으려 하나, 어린이는 무의식의 세계에 근접해 있기 때문에 무의식의 소리를 듣는다. 박 사장 부부는 다송이가 본, 전등의 점멸로 전해오는 무의식의 소리에 귀를 기울였어야 했다. 그랬다면 사태는 파국으로 가지 않았을 것이다.

다송에게 경미한 정신병이 있는 것처럼, 무의식의 소리에 귀를 기울이는 일은 정신병자가 되는 것처럼 낯설고 고독한 일이다. 정신병자는 무의식에 가장 근접해 있는 존재다. 그들은 그 소리가 너무 크게 들려 의식적인 삶을 영위하지 못한다. 소위 건강하다는 사람, 즉 의식의 세계에서만 사는 사람은 정신병에 걸렸다는 사람의 말을 잘 새겨들을 필요가 있다. 의식의 세계만을 유일한 삶의 터전으로 삼은 박 사장 가족은 어린 다송이의 말을 들었어야 했다.

10. 인디언

다송의 생일 축하 파티의 절정은 쫓고 쫓기는 인디언 놀이다. 기택은 인디언으로 변장하여 파티 장소에 나타난다. 본래 인디언의 상징은 정신의 신비적 요소로서 의식과 무의식을 통합하는 초월적 기능을 한다. 그러나 자본주의를 숭배하던 백인이 인디언을 무력으로 정복하여 그들의 공격성을 자극했다. 인디언은 덜 인격화되고 덜 사회화된 공격성이 되고 말았다. 이는 미국 서부영화를 보면 극명하다. 인디언이 자신들의 땅을 지키기 위해 선을 넘어오는 백인들의 가슴에 칼을 꽂듯이, 기택은 진짜 인디언이 되어 빈자의 자존심을 자극해 선을 넘은 자본주의의 수혜자 박 사장의 가슴에 칼을 꽂는다. 부자는 빈자를 지켜주는 자존심의 선을 넘으면 안 된다.

11. 계단

호화 저택을 향하는 오르막 계단은 신분의 상승, 그리고 무의식적 욕망이 의식화되는 것을 의미한다. 거기서 탈출하는 급경사 내리막 계단은 신분 하강 혹은 신분 상승의 환상이 깨져 다시 무의식으로 내려가는 것을 의미한다. 계단은 오르면 내려가야 하고 내려가면 다시 올라야 하듯이, 인생은 오르고 내림의 반복이다. 사람은 의식과 무의식을 오르고 내림으로 성장한다.

박 사장 가족은 고급 외제 승용차로 잘 정비된 길을 오르내릴 것이 아니라, 이 긴 계단을 걸어서 오르고 내림으로써 내면의 소리를 들었어야 했다. 기택 가족은 너무 성급히 계단을 올랐다가, 폭우가 쏟아지는 밤에 도망치듯 계단을 뛰어 내려온다. 삶은 오를 수 있는 만큼 오르고, 다시 내려오는 것의 반복이다.

12. 폭우

본래 비는 하늘과 땅을 잇는 풍요의 상징이다. 그러나 폭우는 노아의 홍수에서 보듯이 심판의 상징이기도 하다. 박 사장 가족이 캠핑을 떠난 사이에, 기택 가족은 호화 저택 거실을 자기 집 거실로 삼아 양주 파티를 벌인다. 폭우 때문에 캠핑 가던 박 사장 가족은 다시 돌아오고, 기택 가족의 멋진 술 파티는 파행으로 끝난다.

폭우는 심판이다. 기택 가족은 폭우를 맞으면 급경사 계단을 줄

행랑쳐 반지하로 향한다. 폭우는 모두에게 공정이 내리듯이 박 사장 가족에게도 심판이다. 노아의 홍수에서 보듯이 심판이 지난 후에 세상은 새롭게 재편된다. 그러나 영화는 여전히 부자를 부자 되게 하고, 빈자는 빈자 되게 한다. 한국식 자본주의의 모순을 말해주는 것 같다.

13. 독일인

독일인이 호화 저택을 구입했다. 왜 하필이면 독일인일까? 독일은 분단되었던 동서가 통일을 이룬 유일한 국가다. 선으로 나누어진 계층이 하나로 통합될 수 있다는 희망을 보여준다. 그러나 잔인했다. 그 호화 저택의 지하실에는 사람을 죽인 기택이, 신용불량자가 되어 갇힌 근세를 대신하여 갇혔다. 상황은 다시 원점으로 돌아갔다. 기우 가족은 다시 반지하로 돌아가, 밖으로 통하는 작은 창문을 기웃거릴 것이다.

이것이 빈부의 윤회다. 윤회를 되풀이하지 않으려면 호화 저택도 호화 저택이 아니어야 하고, 지하도 지하가 아니어야 한다. 오르는 계단은 내리는 계단이고, 내리는 계단은 오르는 계단이어야 한다. 집단의 욕망을 무시하라. 그리고 당신만의 유일한 욕망을 탄생시켜라. 집단이 가치를 둔 것이나 집단이 요구하는 것에 맞서 싸울 용기가 있는 사람만이 내적 재편성을 할 수 있다. 내적 재편성을 한 사람은 외적 현상에 유혹은 받아도 끌려다니지는 않는다. 그 래야 비로소, 사는 매순간마다 되풀이되는 빈부의 윤회에서 빠져나 올 수 있다.

메시아는 모성으로 온다

"나를 이 세상에 태어나게 한 부모님을 고소하고 싶어요."

나딘 라바키 감독의 영화 〈가버나움〉의 포스터 문구다. 〈가버나움〉은 레바논 난민 가정의 한 어린이에 관한 이야기다. 가난으로 하루하루를 무기력하게 버티듯 살아가는 12세 소년 자인은 여동생 사하르와 함께 하며 겨우 웃을 수 있었다. 여동생이 초경을 하자 부모는 평소 여동생에게 눈독을 들여온 슈퍼마켓 주인에게 팔아넘기듯 시집을 보낸다.

분노한 자인은 가출하여 한 놀이공원에 이른다. 그곳에서 불법체류자인 청소부 라힐을 만나 그녀의 아들 요나스를 돌보며 잠깐 웃는다. 그러나 라힐은 새 신분증을 구할 수 없어서 당국에 체포된다. 자인은 외국으로 보내준다는 중개업자의 말을 듣고 신분증을 찾으러 집에 간다. 사랑했던 동생 사하르가 임신하여 하혈이 심했는데 신분증이 없어서 병원 치료를 받지 못하고 사망했다는 소식을 접한다. 칼을 들고 슈퍼마켓으로 달려간 자인은 죄를 짓고 수감된다.

자인을 면회 온 엄마는, 신은 하나를 빼앗아가면 하나를 주신다 며 임신 소식을 알린다. 양육 책임을 질 수 없는 아이를 6명이나 낳은 부모다. 자인은 암울한 세상을 향해 그런 부모를 고소하고 싶다 며 당당히 선언한다. 나는 자인의 메시아적 동선에 주목해서 이 영화를 보았다. 그럼으로써 각자의 메시아성을 발견하자는 것이다.

1. 기적이 일어나는 곳

왜 영화의 제목이 〈가버나움〉일까? 가버나움은 성경에 나오는 지명으로, 예수가 고향인 나사렛에서 이주한 곳이다. 예수는 그곳에서 사회적 약자를 위해 기적을 베풀었으나 사람들은 예수가 전하는 하나님 나라를 믿지 않았다. 어둠 속에 살아가는 사람들은 빛으로 오신 메시아를 배척한다.

불법체류자인 12세 소년에게 한 줄기 빛은 누이동생의 억울한 죽음을 세상에 알리는 것이고, 어린 요나스를 돌보는 것이다. 이런 작은 일조차도 그에게는 달걀로 바위를 치는 격이다. 메시아는 달걀로 바위를 친다. 바위를 깨뜨리려는 것이 아니라, 달걀로 바위 치는 소리를 세상에 들려주려는 것이다. 그 소리는 세상에 퍼진다. 메시아는 세상을 살아가는 그 자체가 목적이 된다. 우리 역시 그러하다.

2. 인생은 개똥이고, 내 신발보다 더럽다

암울한 현실은 희망을 잉태한다. 목표가 어디가 되었건 길을 걷는 한 희망은 사라지지 않는다. 가장의 책무를 버리고 무능을 즐기는 아버지, 그리고 무책임한 생존을 신의 은총으로 여기는 어머니를 자인은 떠나야 했다. 출가한 그는 난민들로 가득 찬 황량한 거리를 걷는다. 그게 희망이다. 절망은 가다가 멈추는 것이고 희망은 그래도 계속 걷는 것이다.

자인의 부모가 자인을 가난한 불법체류자로 만든 것이 아니라, 자인 스스로 가난한 불법체류자인 부모를 선택한 것이다. 그것은 자인의 삶을 구현하기에 가장 좋은 환경이다.

"인생이 개똥이에요. 내 신발보다 더러워요."

그래서 그는 약자 편에 섰다. 천국은 있는 것을 삶의 출발점으로 삼는 사람들의 것이고, 지옥은 없는 것을 삶의 출발점으로 삼으려는 사람들의 것이다.

3. 간간히 들려오는 아기 울음소리

영화에서는 간간히 아기의 울음소리를 들려준다. 그것은 메시아를 필요로 하는 버려진 사람의 울음이다. 난민 부모가 다산을 하는 이유는 아이들을 앵벌이 시키기 위해서다. 그들에게 아이는 생존 수단이다. 법정에서 자인의 엄마는 그렇게 하는 엄마의 심정은 어떻겠느냐며, 그렇게라도 해야 살 수 있었다며 호소한다. 이 호소는 삶의 진실은 아닐지라도 사실이다. 그러나 사실 때문에 진실을 은폐시키면 안 된다.

신이 하나를 앗아가고 난 뒤 또 다른 하나를 보내준다면, 새로 태어난 아이의 울음소리는 이전에 버려진 다른 아이의 울음이다. 아이는 가능성이고 창조성이다. 자인의 삶이 그 시대에 하나의 울림이었듯이, 그 아이가 자인처럼 산다고 해도 세상을 향한 하나의 울림인 것은 부인할 수 없는 사실이다. 메시아는 자기의 울림으로 세상을 울리는 사람이다.

4. 메시아는 모성으로 온다

집을 나간 자인은 광장 한복판에 있는 여인 동상 곁으로 간다. 그리고 동상의 상의를 벗겨 가슴을 드러낸다. 여성의 젖가슴은 먹이는 모성의 대표적 상징이다. 여성의 젖가슴을 광장에 노출시킴으로서 모성이 파괴된 시대를 고발하며 모성의 필요성을 역설한다. 자인은 어린 요나스에게 분유를 먹임으로 스스로 모성을 구현한다.

메시아는 모성의 재건을 위해서 세상에 온다. 정의의 날카로운 칼만 가졌다면, 그는 예언자는 되어도 메시아는 안 된다. 신은 모성으로 인간을 구원한다. 당신이 버려진 누군가에게 이유를 묻지 않고 모성을 제공한다면, 그 순간 당신은 메시아다.

5. 사랑과 정의는 구호가 아니다

구체적으로 사랑과 정의를 실천하지 못하는 사람이 구호로만 사랑을 외친다. 자인은 여동생의 초경을 제일 먼저 알아내고 생리대 대용품을 준비해준다. 여동생이 임신 중에 하혈이 심했는데, 주민등록증이 없어 병원 치료도 못 받고 사망했다는 소식을 듣고 칼을 들고 슈퍼마켓 주인에게 달려간다. 법정에서 판사와 나눈 대화다.

"부모님을 왜 고소했나요?"

"나를 세상에 태어나게 했으니까요."

"어떻게 하길 바라나요?"

"애를 더 이상 낳지 않게 해주세요."

엄마가 자인에게 말했다.

"신은 하나를 앗아가면 다른 하나를 선물로 준단다. 엄마가 임신했어. 너한테 동생이 생긴 거야. 이름을 사하르라고 지을 거야."

"엄마 말이 칼처럼 심장을 찌르네요. 엄마는 감정이 없는 사람이에요. 다시는 오지 마세요."

엄마를 잃어 모성을 빼앗긴 정의는 힘을 가지면 폭정을 한다. 모성의 원리가 강탈당한 사회에서 정의는 또 다른 불의의 시작이다. 자인은 메시아의 열망을 대변한다.

"나도 존중받고 싶었어요. 사랑받고 싶었어요."

6. 사랑의 실천은 윤리적이 아니라 초윤리적이다

자인의 행적은 보편적 윤리의 한계에 갇혀 있지 않다. 그는 가족을 위해서, 그리고 어린 요나스를 먹이기 위해서, 약물을 탄 주스를 팔러 거리로 나가야 했다. 다른 난민 청소년들이 그랬던 것처럼. 그리고 엄마의 수감으로 고아가 된 요나스를 살리기 위해서 입양업자에게 맡기고, 엄마를 대신해서 400달러를 받아야만 했다. 사랑이 실천되는 뒷자리에는 상황 윤리로만 설명할 수 있는 일들이 일어난다. 사랑을 위해 악마가 되는 것은 초윤리적 사랑이다.

7. 영화가 끝나고

〈가버나움〉은 칸 영화제에 올라와 관객들의 기립 박수를 15분 동안 받았고 심사위원상을 받았다. 영화를 실제처럼 만들기 위해서 주연 배우들을 길거리 캐스팅했다는 것은 놀랄 만한 일이다. 영화 제작 이후 그들은 안정된 국적을 가지게 되었고, 제작진은 난민을 돕는 가버나움 재단을 설립했다. 영화 〈가버나움〉은 메시아였다. 신비한 리듬을 가진 OST 중동 음악이 인상적이었다.

〈벌새〉

낯설고 두려운 것을 당당히 마주하라

김보라 감독의 독립영화 〈벌새〉는 2018년 부산국제영화제에서 개봉한 이래 2020년 6월까지 무려 51개의 상을 수상했다. 영화는 14살 소녀 은희의 의지와는 무관하게 은희 앞에 펼쳐지는 낯설고 거대한 삶의 현실을 헤쳐나가는 성장통을 다뤘다. 한편 그를 대하는 어른들의 태도는 어른들의 성장통이었다.

1. 독립영화에 대하여

독립영화는 흥행보다는 적은 제작비용으로 작품성을 먼저 생각하는 영화다. 독립영화를 보는 관객은 작품성을 기대하고, 이것이 대중의 흐름을 잘 타면 흥행에도 성공할 수 있다. 〈벌새〉가 여기에 속한다.

독립영화는 '상업성으로 갈 것인가, 예술성으로 갈 것인가'를 고민해야 할 지점에서 대체로 예술성을 택할 것이다. 제작비가 적게 들어갔으니 본전에 대한 부담도 적다. 예술성으로 갈 때는 더 깊은 인간의 무의식이 영화에 반영된다.

독립영화는 볼거리를 좋아하는 사람에게는 볼거리가 없겠지만, 생각하기를 좋아하는 사람에게는 많은 생각거리를 제공한다. 그 생각거리들은 공통적으로 인간의 내적 성장을 다룬다. 물론 다 그런 것은 아니다.

2. 영화는 침울했다

관객은 시종 침울한 분위기에 빠져들어야 했다. 기분이 좋아지는 호르몬의 분비는 기대할 수 없었다. 왜 그랬을까? 시대적 분위기를 담고 있어서다. 영화는 1994년을 배경으로 했는데, 경제가 한창 일어나면서도 그 폐해가 수면에 올라오는 시기였다. 잘 사는 사람과 못 사는 사람의 차이가 벌어지기 시작했고, 모두가 조금이라도 더 잘 살기 위해 앞만 보고 달려가던 때였다.

이런 성장제일주의에 맞추어 학교는 공부 잘하는 학생과 못하는 학생을 구별하여 분반 수업을 했다. 한 가족 안에서도 아이들은 성적에 따라 부모의 차별을 받아야 했다. 아이들의 인생 목표는 명문 대학이었다. 여기에 낯선 이방인과 같은 은희의 내면 세계를 다루었으니, 영화는 어두웠다. 그러나 모든 어두움은 밝음을 가리고 있다.

3. 여성 원리를 삼켜버린 남성 원리

성장제일주의 사회에서는 남성 원리가 능력이 되고, 여성 원리는 억압될 뿐만 아니라 무능한 것이 된다. 남성 원리는 '우리도 한번 잘 살아보세'라고 외치며 앞으로 돌진한다면, 여성 원리는 뒤처진 사람을 일으키며 '함께 가자, 우리'를 외친다. 성장이 집단의 목표가 된 사회에서는 여성도 남성 원리에 따르도록 강요당한다. 남자와 똑같이 사회생활을 하면서 집안일은 혼자 도맡아 하는 경우가 생긴다.

영화는 중학교 2학년인 은희가 엄마를 부르는 것으로 시작한다. 엄마는 대답이 없다. 은희가 아파트 층을 착각했지만, 점점 더 큰 소리로 철문을 두들기며 엄마를 불러봐도 남성 원리에 동화된 엄마는 딸의 목소리를 들을 수 없다.

남성 원리의 거대장벽 앞에 맞닥뜨려 서 있는 소녀는 너무 왜소하다. 그녀의 외침은 1초에 20번 이상이나 상하로 움직이는 벌새의 날갯짓이다. 그녀는 앞만 향해 달려가는 거대 사회의 변두리를 서성거리는 이방인이다. 그럼에도 불구하고 낯선 경험은 그녀의 존재를 서서히, 그리고 조용히 대지에 뿌리 내리게 한다.

4. 왜 콩가루 집안이 되었을까

은희의 외삼촌이 자살을 했다. 태풍처럼 질주하는 남성 원리를 뒤따라가지 못해 치어 죽었다. 스스로 목숨을 끊은 것이 아니라 무형의 범인이 스스로 목숨을 끊게 한 것이다.

외삼촌을 자살하게 한 범인은 사회에 팽만해 있는 남성 원리다. 여성 원리를 억압한 남성 원리는 이미 그 자체로 중대한 범죄자이고 살인마다. 그곳에는 사람은 없고 사람의 탈을 쓴 포식동물만 가득하다. 그들의 탈을 벗겨내고 사회에 여성성을 부활시키려면 여성성의 희생이 필요하다. 앞으로 돌진하는 남성 원리가 가장 무서워하는 것은 '우리 함께 가자'며 어깨동무하는 여성 원리다.

승용차를 타고 장례식장으로 가는 은희네 가족은 각자 생각에 사로잡혀 있다. 여성 원리가 빠진 가족은 따뜻함을 잃고, 각자의 목표만 있는 콩가루 집안이 된다. 은희의 부모는 더 많은 떡을 팔아야 하고, 공부 잘하는 오빠는 서울대에 가야 하고, 반발하는 은희의 언니는 더 반발해야 한다.

여기에 대한 문제의식은 은희로부터 시작되었다. 은희가 직시한 뿔뿔이 흩어지는 외로움은 가족 모두의 외로움이었다. 외로움은 '우리 함께 가자'를 외치는 침묵의 소리다. 어렵지 않다. 내가 먼저 손을 내밀면 외로운 그가 당신의 손을 잡는다. 그러면 함께 간다.

4. 떡을 팔고 떡을 잃었다

은희의 부모는 아파트 밀집 지역에서 떡집을 한다. 떡을 집에서 지어먹던 시기가 있었으나, 경제가 성장하면서 떡을 지을 일손이 없어졌다. 떡집이 여기저기 생겼고 돈도 많이 벌었다. 영화 속에서 떡은 함축적 의미가 있다. 떡은 경제를 말한다. 떡의 등장은 경제가 우선이 되어버린 사회를 보여준다. 이 경우 떡은 경제, 곧 남성 원리다.

한편, 떡은 엄마가 만들고 가족에게 먹이는 여성 원리를 의미한다. 80이 넘은 노모도 60이 넘은 아들을 보면 제일 먼저 '밥 먹었느냐'고 묻는다. 필자가 초등학교에 다닐 때만도 떡은 방앗간에서 빻아온 쌀가루로 집에서 엄마가 지어주었다. 엄마가 곧 떡이다. 그리고 이웃집과 함께 나누었다. 떡은 함께 나누는 모성의 원리다.

그러나 떡장수에게 떡은 모성의 기능이 빠진 돈일 뿐이다. 떡집은 새벽에 문을 연다. 막 지어낸 떡을 내봐야 잘 팔린다. 은희네 가족은 새벽부터 눈 비비고 일어나 떡에 달라붙어 떡을 팔았다. 그리고 가족이 방바닥에 옹기종기 앉아 수북이 쌓아올린 돈을 세는 모습은 매우 인상적이다. 그들은 떡을 팔아 돈을 모았지만, 자신들의 허기진 배는 채우지는 못했다. 떡(남성 원리)을 팔고 떡(여성 원리)을 잃었다.

5. 작은 것과 헤어지고 큰 것을 맞이한다

은희와 남자친구 지완의 풋내 나는 사춘기 사랑은 그나마 따뜻하다. 그때가 성에 대하여 본격적 관심을 가지는 시기이기는 하지만, 정신분석학적으로는 그 이상의 의미가 있다. 성에 대한 관심은 부모에게서 독립하여 자신의 정체성을 찾는 시기에 나타난다. 성장의 시기가 온 것이다.

남성은 여성 원리를, 여성은 남성 원리를 배움으로써 자신의 정체성을 찾는다. 둘의 자연스러운 본능에 따르는 호감과 신체적 접촉, 특히 이성과 하나 되는 전율을 가져오는 첫 뽀뽀는 보다 궁극적인 실재에 닿으려는 무의식적 욕구다.

모든 성장은 연합과 분리가 반복되면서 일어난다. 부모와 자녀 관계, 그리고 부부 관계도 연합과 분리의 평생 작업으로 성장한다. 지완은 의사의 아들이다. 지완 엄마는 은희가 떡집 딸이라 하여 둘을 떼어놓는다. 우리는 수없이 많은, 크고 작은 헤어짐으로 또 다른 새로운 것과 만난다. 이를 '성장통'이라고 한다. 궁극의 실재에 가까이 갈수록 더 큰 것을 떠나야 한다.

6. 영혼의 벗은 필요할 때 반드시 나타난다

은희가 학원에서 한문 선생인 영지를 만난 것은 필연이다. 소울 메이트다. 파동은 의도하지 않아도 자연스럽게 흐르는 지향과 성향이다. 간절히 원하면 원하는 것은 앞에 나타난다. 파동이 같으면 반드시 서로 모인다.

은희에게 꼭 필요한 존재가 앞에 나타났다. 그녀는 은희처럼 왼손잡이다. 오른손은 의식적인 것으로 남성 원리라면, 왼손은 무의식적인 것으로 여성 원리다. 오른손은 바쁘지만, 왼손은 깊다.

영지 선생은 노동운동을 하다가 대학을 휴학한 상태다. 노동운동 자체는 남성 원리이지만, 노동운동을 하게 하는 정신은 '우리 함께 잘 살자'라는 여성 원리다. 왼손, 즉 무의식적인 것이다. 거대한 시대적 담론에 매몰되어 그늘진 곳으로 밀려든 두 사람이 서로 만난 것이다. 이런 만남에는 강한 스파크가 일어난다.

은희는 영지 선생에게 떡을 선물하고 영지 선생은 떡을 좋아하지는 않지만 맛있게 먹었다고 답례한다. 돈으로 거래되는 남성 원리로서의 떡이 아니라 인정으로 주고받는 모성으로서의 떡이다. 한 사람의 성격 형성 과정에서 가장 큰 영향력을 미치는 것은 타고난 것 다음으로 모성 경험이다. 새로운 모성의 경험은 대지에 비를 촉촉이 내리는 것과 같아서 자아의 의지와는 무관하게 성장을 가져온다. 은희에게 영지 선생은 메마른 땅을 촉촉이 적셔주는 빗물이다. 스며들지 않을 수 없다. 영지 선생은 은희에게 무형의 떡이다.

"자기를 좋아하게 되려면 시간이 필요해. 자기가 싫어지면 자기를 들여다 봐. 내가 이렇구나."

"맞지 마. 싸워."

은희는 자기를 구타하는 오빠와 맞설 힘이 생겼다. 성장은 자기애에서 시작한다. 타인에게 강요된 것이 아니라 스스로 끌어올린 자기애가 있어야 한다. 남성성이 강요된 사회에서 남성은 자신들의 욕망을 위해 여성에게 사랑을 강요한다. 여성은 여기에 맞서 싸워 이겨야 건강한 자기애를 가질 수 있다.

7. 죽어야 산다

성수대교가 붕괴되어 영지 선생이 죽었다. 개발의 상징인 한강 다리의 붕괴는 남성 원리의 퇴각을 의미한다. 거기에는 한 여성(원리)의 희생이 있었다. 관객의 안타까운 마음을 한 문장으로 요약할 수 있다.

"은희는 어떻게 하라고!"

걱정할 필요 없다. 모든 죽음은 이전 것의 종말이면서 새로운 것의 시작이다. 은희가 영지에게 붙들려 있는 한, 은희는 없고 영지만 있게 된다. 영화는 물리적인 분리로 죽음을 선택했으나, 모든 것에 죽음이 있어야 하는 이유는 타인에게 의존하지 않고 자신의 정체성을 찾아야 하기 때문이다. 떠나야 할 것이 떠나야 남은 것이 제자리를 잡는다.

익숙한 모든 것은 죽게 마련이다. 슬퍼할 것이 아니라, 홀로 서는 모험을 시도하라. 가까운 사람의 죽음일수록, 슬픔이 클수록 더 새롭게 출발할 때가 왔음을 알리는 거다. 그것은 기쁜 소식이다. 은희의 때가 왔다. 아니, 항상 은희의 때였으나 지금부터는 은희가 주인공이 되어야 한다.

7. 함께, 그러나 홀로

다시 학생들로 붐비는 운동장 한복판에 깊은 생각에 빠진 은희가 등장한다. 등 뒤의 다른 학생들은 서서히 회색으로 처리된다. 영화 후기 나눔에 참석한 한 분은 이 대목을 이렇게 연상했다.

"함께 있으면서도 함께 있지 못하는 소외된 은희, 저의 학창시절이 떠오릅니다."

그럴까? 은희는 이미 죽음을 경험했고 어떻게 살아야 하는지 알았다. 집단의식에 함께 있으나 '함께'에 동화되지 않으면서도 자신의 꽃을 피우려는 한 인간의 의연함을 보여준다. 회색으로 처리된 등 뒤의 학생들은 은희를 세상으로 클로즈업하기 위해서 존재한다. 세상은 늘 이랬다. 소리쳐 엄마를 불러도 엄마의 대답이 없을 때, 학교와 가정에서 외톨이가 되었을 때, 정성껏 떡을 포장하여 영지 선생을 찾아갔으나 부고를 들었을 때, 그것은 슬픈 일만이 아니다. 은희의 꽃을 피우기 위해서 일어난 일들이었다. 영지 선생이 은희에게 보낸 처음이자 마지막 편지가 읽혀진다.

"어떻게 사는 것이 맞을까. 어느 날 알 것 같으면서도 정말 모르겠어. 다만 나쁜 일들이 닥치더라도 기쁜 일들이 함께 한다는 것. 우리는 늘 누군가를 만나 뭔가를 나눈다는 것. 세상이 참 신기하고 아름답다. 학원을 그만둬서 미안하다. 방학이 끝나면 연락할게. 그때 만나면 모두 다 이야기해줄게."

8. 함께 가자, 우리

이제 '모두 다'는 은희가 은희에게 말해줘야 한다. 분석심리학자 폰 프란츠는 저서 《민담의 심리학적 해석》에서 한 "인간의 성장은 관계 속에서 이루어지는 것이고, 모든 민담은 자기 성장과 관계의 변화가 서로 다르지 않음을 보여준다"라고 했다. 인간의 성장을 다루는 독립영화는 민담의 원리를 많이 가지고 있다.

엄마는 떡이 아니라, 은희가 좋아하는 감자전을 은희에게 부쳐준다. 모녀 관계의 변화는 엄마에게는 모성을, 딸에게는 여성성의 성장을 가져다준다. 귀 밑 종양을 떼어내는 은희의 수술로, 가족은 각자가 갇혀 있었던 창문을 열어 은희에게 다가가기 시작했다. 여성 원리가 봄의 햇살처럼 은희의 가정에 스며든 것이다.

〈벌새〉는 성장의 문턱에서 낯선 환경으로 진입해야 하는 이 땅의 모든 사람에게, 모든 낯선 것은 운이 없어 생긴 것이거나 나쁜 것이 아니라 사랑으로 끌어안아야 할 통과의례라는 것을 보여준다.

생애 후반기 이후의
날들을 위하여

탈고를 하고 나자 글을 쓸 때와는 다르게 숙연해졌다. 나는 지난 삶의 조각들을 하나둘 꺼내어 되새김질했다. 나는 왜 그렇게 살지 못했을까? 그동안 너무 많이 썼고, 너무 많이 말한 것은 아닌가? 그래서 내가 쓴 것과 말한 것이 곧 나인 것처럼 착각하고 살지는 않았는가? 나는 속으로 울고 있었다. 이 책은 그렇게 살지 못한 것에 대한 '50의 반성문'이기도 하다.

  아직 살아갈 날은 많다. 진실로 겸손해지자. 타자를 이해하고, 수용하고, 사랑하고, 내 주변에 있는 것들의 소중함을 발견하고 그것들과 대화하자. 아침에 일어나 살아 있는 것만으로도 감사하는 마음으로 세상을 보자. 지금 창 밖에는 여름비가 내리고 있다. 건물 옥상과 외벽, 그리고 아스팔트 도로 위에 떨어지는 둔탁한 빗소리가 이렇게 경쾌할 줄이야!

나는 늘 아슬아슬하고 가파른 길을 오르듯 살아왔다. 앞으로도 그럴 것이다. 그러나 마음의 짐을 조금 내려놓을 수 있을 것 같다.

사람은 혼자가 아니다. 또 다른 차원에서 우리를 돕고 있는 존재가 있다는 것을 어떻게 부정할 수 있는가. 늘 되풀이되지만 늘 부족한 다짐을 다시 해본다.

"지금 여기서 나와 함께 있는 것들을 사랑하리라."